V

NOUVEAU MANUEL

MUSICAL,

Contenant les Élémens de la Musique, des agrémens du Chant & de l'accompagnement du Clavessin;

DÉDIÉ

A M. THEVENARD,

Chevalier de l'Ordre Royal & Militaire de S. Louis, Capitaine des Vaisseaux du Roi, Membre de l'Académie Royale de Marine & Commandant la Marine au Port & Département de l'Orient.

Par M. DELLAIN.

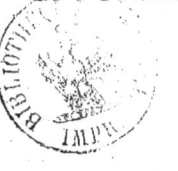

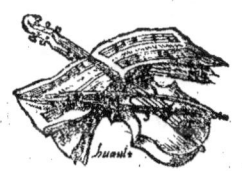

A PARIS,

Chez la Veuve BALLARD & Fils, Imprimeurs du Roi, rue des Mathurins;

Et à Versailles, chez BLAIZOT, Libraire du Roi & de la Reine, rue Satory.

M. DCC. LXXXI.

Avec Approbation & Privilége du Roi.

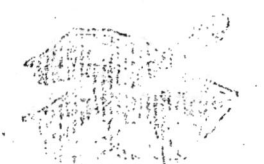

A MONSIEUR

THEVENARD,

Chevalier de l'Ordre Royal & Militaire de S. Louis, Capitaine des Vaiffeaux du Roi, Membre de l'Académie Royale de Marine & Commandant la Marine au Port & Département de l'Orient.

MONSIEUR,

L'étendue de vos connoiffances, non-feulement dans les différentes Sciences relatives à votre état, mais encore dans l'Art de la Musique, dont vous faites quelquefois votre amufement, femble m'autorifer à vous offrir ce petit Ouvrage. Agréez-le, je vous fupplie, MONSIEUR, comme un témoignage fincère de la juste reconnoiffance que je dois aux bontés dont vous daignez m'honorer depuis long-temps.

Je fuis avec refpect,

MONSIEUR,

Votre très-humble &
très-obéiffant ferviteur,
DELLAIN.

TABLE.

DE la Gamme,   Page 1

Des Intervalles,   2

Des Lignes,   6

Des Clefs,   7

De la valeur des Notes & des Pauses,   9

Des Signes usités dans la Musique,   11

De la Mesure,   13

Du Mode,   17

Transposition des Clefs par les Dièzes,   19

Transposition des Clefs par les Bémols,   22

Des Parties Chantantes,   23

Des Parties Instrumentales,   26

De l'Harmonie,   28

Des Agrémens du Chant,   29

De l'Accompagnement du Clavessin,   37

PRÉFACE.

Mettre la Théorie de la *Musique*, des *agrémens du Chant*, & de *l'accompagnement* du *Clavessin*, à la portée des jeunes personnes, leur en faciliter l'étude par une marche moins longue, moins pénible & moins rebutante que celle que l'on employe ordinairement : tel est le but que je me suis proposé dans ce petit *Traité*.

La *Musique*, cet Art charmant qui fait partie de la bonne éducation, a, comme les autres Sciences, des règles fixes, qui dérivent d'un principe fondamental. Ce principe étant démontré avec clarté & précision, développe tout le système de l'Art & en abrege considérablement l'étude.

Après avoir fait connoître la nature de la *Gamme* & des *intervalles*, la propriété des *lignes* & des *clefs*, la valeur des *notes* & des *pauses*, le mouvement de la *mesure*, &c. je présente un tableau de la *transposition* des *clefs* par les *dièzes* & par les *bémols*. Cette *transposition*, qui n'est, dans le fond, que pour démontrer que les *dièzes* ou les *bémols* placés à la *clef*, suivant leur ordre, donnent toujours une *clef suppofée* & *naturelle*, a été fouvent l'écueil de l'Ecolier. En effet, cet Ecolier, qu'un Maître s'attache à faire *folfier* felon la règle des *degrés* affectés à chaque *clef suppofée*, qui ôte la propriété de la règle primitive, ne fauroit faire des progrès rapides, parce que la défignation des *degrés*, fuivant la *tranfpofition*, varie par l'effet des *dièzes* & des *bémols :* Par exemple, le fujet adopte une *clef* relative à l'étendue de fa voix, la *clef* de *fol* fur la feconde ligne. Les *notes* traverfées de cette ligne portent naturellement la défignation de *fol*, qui fert de règle à la *Gamme :* fi l'on ajoute un *dièze* à la *clef*, ce ne doit être que fur le *degré* du *fa ;* alors le *dièze* change le *fa* en *fi* & donne la *clef suppofée* d'*ut* fur la feconde ligne, au lieu de la *clef* de *fol* fur cette même ligne. Un fecond *dièze* placé fur l'*ut* de la *clef* de *fol*, change la dénomination d'*ut* en *fi* & donne la *clef suppofée* d'*ut* fur la quatrieme ligne; il en eft ainfi des trois autres *dièzes* placés fuivant l'ordre qui leur eft prefcrit. La même chofe a lieu pour les cinq *bémols*, dont le dernier défigne toujours la *clef suppofée*. Par exemple, un *bémol*, placé fur la note *fi*, troifieme *degré* en montant de la *clef* de *fol* fur la feconde ligne, change le *fi* en *fa*, & donne la *clef suppofée* de *fa* fur la troifieme ligne. Un fecond *bémol*, placé fuivant l'ordre fur le degré *mi* de la même *clef* de *fol* fur la feconde ligne, change le *mi* en *fa* & donne la *clef fuppofée* d'*ut* fur la troifieme ligne. Il en eft de même pour les trois autres *bémols*, ainfi qu'on le verra à l'article des *tranfpofitions* par les *dièzes* & les *bémols*. Il en réfulte que chaque mutation de *clef fuppofée* exige, de la part de l'Écolier, une nouvelle étude, qui ne fait qu'embrouiller fa mémoire, & rendre fa marche incertaine relativement à la différente dénomination des *notes* ; car l'*intonation* eft toujours la même. Or, il eft plus naturel de lui laiffer la liberté d'adopter la *clef* qui convient le mieux à fa voix, de lui donner la pratique des *degrés* & de l'exercer avec attention fur la nature & l'*intonation* des *dièzes* & des *bémols*, foit qu'ils fe trouvent placés à la *clef*, ou bien accidentellement, ainfi qu'on le pratique fur les *Inftrumens*.

Les *agrémens du Chant*, dont je parle dans cet Ouvrage, font ceux ufités actuellement à l'*Opéra*, & que le nouveau genre de compofition & le goût du Compofiteur exigent. Comme ce n'eft que par une parfaite pratique des *agrémens* qu'on peut mettre de l'intérêt dans l'expreffion & charmer les oreilles, je les ai réduit en leçons, en défignant les *tons* fur lefquels il faut s'exercer pour en acquérir la flexibilité, la jufteffe & l'habitude.

Quant à l'*accompagnement* du *Claveffin*, la marche que j'indique eft auffi fimple que naturelle. Pour fe perfectionner en peu de temps dans cet Art , il ne s'agit que d'apporter beaucoup d'attention dans la pratique des exemples & fur - tout aux rapports des *accords* qui font à la fin de cet Ouvrage.

Enfin , j'ai tâché d'éclaircir , par des exemples précis , toutes les règles & de les rendre intelligibles aux perfonnes qui n'ont aucune teinture de la *Mufique*.

NOUVEAU

NOUVEAU MANUEL
MUSICAL,

Contenant les Élémens de la Musique; des Agrémens
du Chant, & de l'Accompagnement du Clavessin.

DE LA GAMME.

D. Qu'est-ce que la *Gamme?*

R. La *Gamme*, connue aussi sous le nom d'*Echelle*, est un assemblage
de *notes* ou *sons*, qu'on distingue par les noms d'*ut, ré, mi, fa, sol, la,
si.* La voix, en parcourant naturellement ces *notes*, suivant l'ordre de
leur position sur le papier, soit en montant, soit en descendant, forme,
par son élévation ou son abaissement, ce que l'on nomme *intonations.* Ces
différentes *intonations* sont appellées *degrés.* Toute *note* répétée ou
redoublée sur le même *degré*, est un *unisson*, c'est-à-dire, le même *son.*
La distance entre deux *notes* de différens *degrés*, est un *intervalle.*

D. Comment les *intervalles* ont-ils lieu?

R. Par *degrés, conjoints,* ou *diatoniques,* & par *degrés disjoints.*

A

DES INTERVALLES.

D. Qu'entend-on par *degrés conjoints*, ou *diatoniques?*

R. L'*intervalle* eft plus ou moins étendu, fuivant les *degrés* entre les deux *fons ;* par exemple : il eft moins grand d'*ut* à *ré,* que d'*ut* à *mi ;* ainfi, deux *notes* qui fe fuivent immédiatement, comme *ut ré, ré mi, mi fa, fa fol, fol la, la fi, fi ut,* font des *intervalles conjoints,* ou *diatoniques ;* les plus étendus, comme *ut ré, ré mi, fa fol, fol la, la fi,* s'appellent *tons ;* les plus petits, *femi-tons,* ou *demi-tons,* parce que la voix ne s'élève qu'à-peu-près de la moitié d'un *ton :* dans la *Gamme* en montant, il y a, d'*ut* à *ré,* un ton; de *ré* à *mi,* un ton; de *mi* à *fa,* un demi-ton; de *fa* à *fol,* un ton; de *fol* à *la,* un ton; de *la* à *fi,* un ton; de *fi* à *ut,* un demi-ton; de forte que la *Gamme* eft compofée de cinq *tons,* & de deux *demi-tons,* ce qui fait en tout douze *demi-tons.*

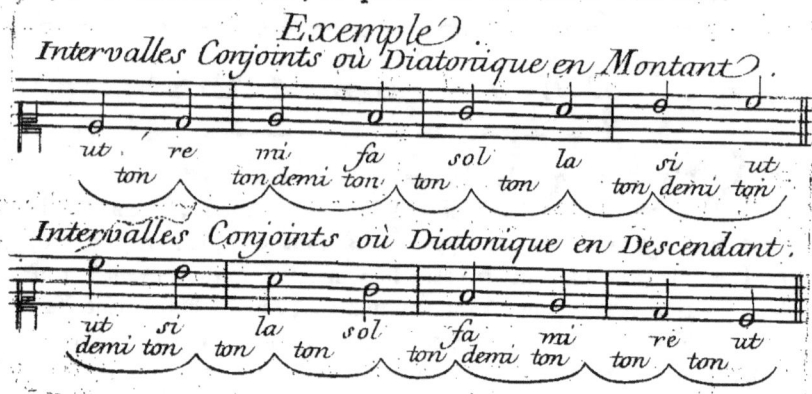

D. Qu'eft-ce que les *degrés disjoints?*

R. Les *intervalles* par *degrés disjoints,* font ceux qui fe trouvent entre deux *fons,* ou *notes* qui ne fe fuivent pas immédiatement : ils comprennent tout l'efpace que l'un des deux *fons* auroit à parcourir pour arriver à l'autre, foit du *grave* pour monter à l'*aigu,* comme d'*ut* à *mi,* qui eft la troifième *note* au-deffus ; foit pour defcendre de l'*aigu* au *grave*, comme de *mi* à *ut*, qui eft la troifième *note* au-deffous.

Ut eft grave, par rapport à *mi*, parce qu'il eft plus bas ; & *mi* eft *aigu* relativement à *ut*, parce qu'il eft plus haut.

D. Qu'eft-ce que le *fon grave* & le *fon aigu* ?

R. Le *fon grave* eft celui qui fait le moins de vibrations dans un temps donné ; & l'*aigu*, celui qui en fait le plus dans le même temps.

Exemple

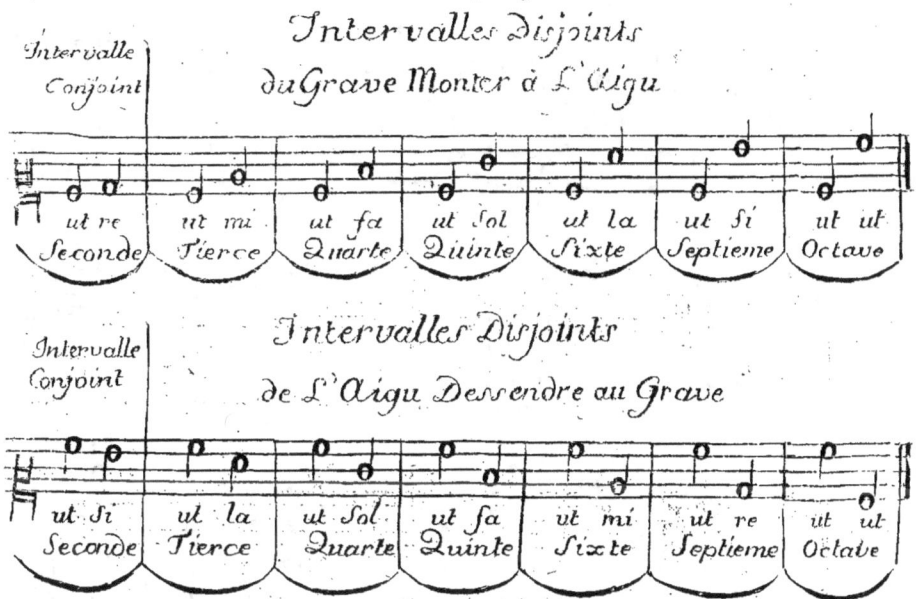

D. Combien y a-t-il d'*intervalles* principaux ?

R. Deux, les *fimples* & les *redoublés*.

D. Qu'eft-ce que les *intervalles fimples* ?

R. Ils fe réduifent à fix ; favoir : *feconde, tierce, quarte, quinte, fixte* & *feptième*.

A 2

D. Qu'eſt-ce que les *intervalles redoublés ?*

R. Ils conſiſtent dans l'*octave*, qui eſt la réplique de la premiere ; c'eſt-à-dire, que le *ſon* que *ut* forme en haut, reſſemble au premier *ut* d'en bas ; la *neuvième*, ou *octave* de la *ſeconde* ; la *dixième*, *octave* de la *tierce* ; l'*onzième*, *octave* de la *quarte* ; la *douzième*, *octave* de la *quinte*, & ainſi des autres ; obſervant que tout *intervalle* plus grand que l'*octave*, eſt toujours redoublé ; c'eſt-à-dire, formé des *ſons* de l'*intervalle ſimple*, dont il eſt la répétition.

Exemple

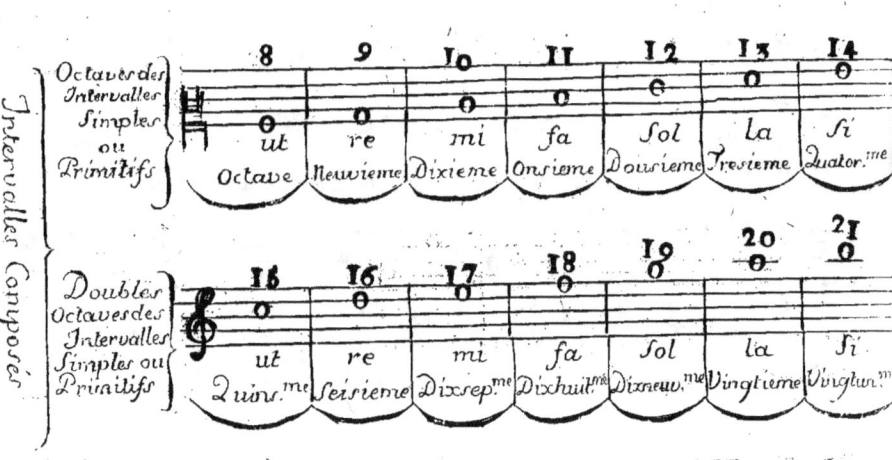

D. Les *intervalles* ſont-ils de leur nature *conſonnans* ou *diſſonans ?*

R. Il n'y en a que deux qui ſoient *diſſonans*, ſavoir : la *ſeconde* & la *septième*; il faut y ajouter leurs *octaves*: néanmoins, toute *consonnance* peut devenir *dissonance* accidentellement.

D. Indépendamment des *intervalles simples* & *redoublés*, n'y a-t-il point d'autres espèces d'*intervalles*, & en combien de manieres les distingue-t-on?

R. En quatre manieres; savoir : *majeur, mineur, superflu* & *diminué*.

D. Définiffez-les.

R. Dans l'ordre des *intervalles*, il y a des *consonnances parfaites* & *imparfaites*; celles-ci font ou *majeures*, ou *mineures*; ce qui, fans changer le *degré* fait dans l'*intervalle* d'un *femi-ton* du majeur: de forte que, fi d'un *intervalle mineur* on retranche encore un *demi-ton*, il devient *diminué*. Au contraire, fi l'on augmente d'un *demi-ton* un *intervalle majeur*, on le rend *superflu*; par exemple: la *feconde majeure* eft formée par un *ton*, comme *ut ré*, ou *ré mi*; la *feconde mineure* l'eft par un *demi-ton majeur*, comme *fi ut*; la *feconde*, appellée *fuperflue*, eft formée d'un *ton majeur* & d'un *demi-ton mineur*, comme *ut ré* 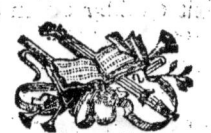. Ainfi, tout *intervalle* eft dit *fuperflu* ou *diminué*, lorfqu'il differe du *majeur* d'un *demi-ton mineur*: on diftingue la *tierce* en *majeure, mineure*, ou *diminuée*. La *majeure* eft compofée de deux *tons*, comme *ut, mi*; la *mineure* n'a qu'on *ton* & *demi*, comme *ut mi* ♭; la *diminuée* ne comprend que deux *demi-tons*, comme *ut* ☒, *mi* ♭; les *consonnances parfaites* font toujours invariables par leur genre, pour quoi elles s'appellent *juftes*.

D. Dans quel cas la *consonnance* devient-elle *dissonance*, c'eft-à-dire, *fauffe*?

R. C'eft lorfqu'on en altere l'*intervalle* d'un *demi-ton*; *fuperflu*, fi le *demi-ton* eft ajouté; *diminué*, s'il eft retranché.

DES LIGNES.

D. COMMENT repréſente-t-on les *notes* dans la *Muſique*?

R. Par cinq *lignes horizontales* & *paralleles* ; leſquelles, priſes enſemble, ſe nomment *portée*, & l'interligne *eſpace*; la plus baſſe de ces *lignes* eſt la premiere, & la plus haute, la cinquieme ; les *notes* ſe poſent ſur ces *lignes* & dans les *eſpaces*. Chaque *ligne* & chaque *eſpace* forment un *degré*.

Exemple

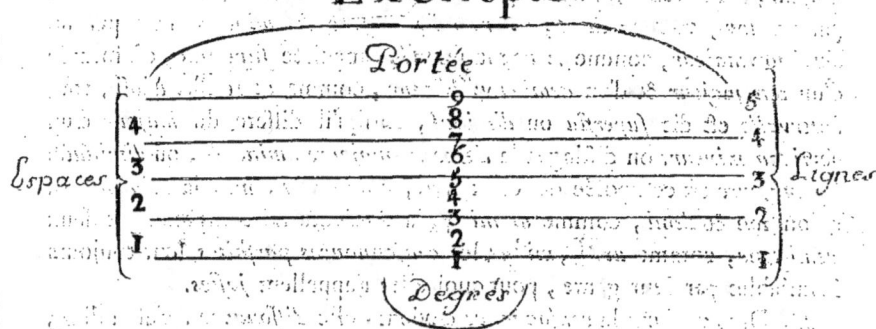

Portée

Eſpaces ... Lignes

Degrés

D. A cet aſſemblage de *lignes fixes*, n'en ajoute-t-on pas quelquefois d'accidentelles ?

R. Quand cela eſt néceſſaire pour une gradation plus étendue; c'eſt-à-dire, lorſque les *notes* paſſent en *haut* ou en *bas* l'étendue de la *portée*.

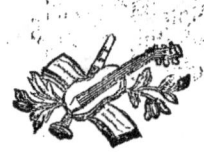

DES CLEFS.

D. COMMENT défigne-t-on les caractères qui fervent à donner un ordre aux *degrés* ?

R. Par trois différentes *clefs* , qui , étant pofées fur les *lignes*, & jamais dans les *efpaces* , donnent leur nom aux *notes* qui fe trouvent fur les *lignes* où elles font pofées.

Exemple
Pofitions des trois Clefs

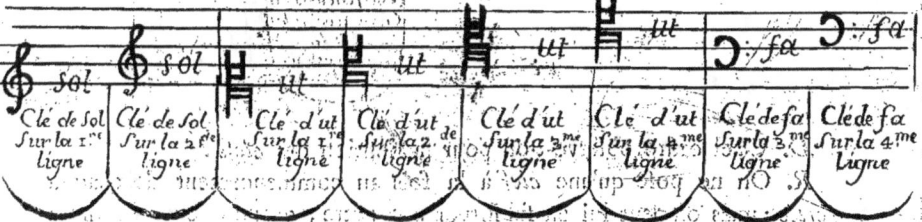

| Clé de Sol fur la 1.re ligne | Clé de Sol fur la 2.e ligne | Clé d'ut fur la 1.re ligne | Clé d'ut fur la 2.e ligne | Clé d'ut fur la 3.me ligne | Clé d'ut fur la 4.me ligne | Clé de fa fur la 3.me ligne | Clé de fa fur la 4.me ligne |

D. Que fait connoître cet exemple ?

R. Il démontre que la *clef* de *fol* eft pofée fur la première & feconde lignes ; la *clef* d'*ut* fur la première , feconde, troifieme & quatrieme lignes ; la *clef* de *fa*, fur la troifieme & quatrieme lignes.

D. Comment appelle-t-on les *notes* qui fuivent chaque *clef* ?

R. Elles fe nomment felon leur ordre naturel ; c'eft-à-dire , que partant de la *clef* de *fol*, fur la première ou feconde ligne, le *deuxieme degré* fuivant, en montant diatoniquement , s'appelle *la* ; le troifieme , *fi* ; le quatrieme, *ut* , &c. &c. La note qui fuit immédiatement la *clef* de *fol* en defcendant, foit que cette *clef* foit pofée fur la première ou feconde ligne, s'appelle *fa* ; le troifieme *degré*, *mi* ; le quatrieme, *ré*, &c. &c.

& ainſi des autres *clefs* : de maniere que par leurs différentes poſitions, on peut trouver les ſept *notes* ſur chaque *ligne* ou *intervalle*.

Exemple

Poſition des Degrés ſuivant l'Ordre de Chaque Clé

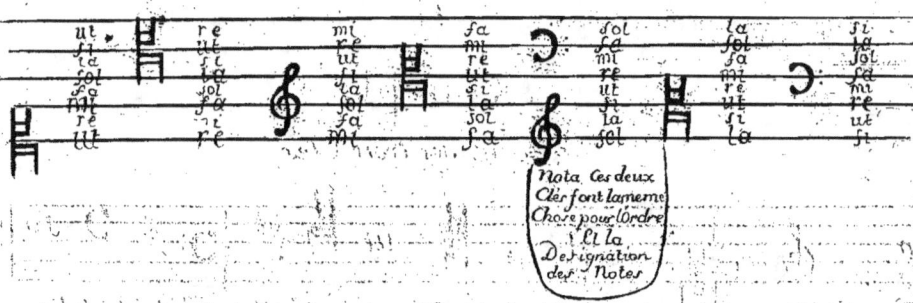

Nota Ces deux Clés ſont la meme Choſe pour l'Ordre Et la Deſignation des Notes

D. Quel ordre obſerve-t-on pour la poſition des *clefs* ?

R. On ne poſe qu'une *clef* à la fois au commencement de chaque *portée* ; mais on peut lui en ſubſtituer une autre, quand & en tel endroit que l'on veut, pourvu que ce ſoit ſur une *ligne* : la derniere *clef* donne toujours ſon nom à la *ligne* qui la traverſe ; ainſi, une *note* poſée ſur la même *ligne*, doit abſolument porter le nom de la *clef*, en donnant indifféremment le nom de la *clef* à la *ligne* ou à la *note*.

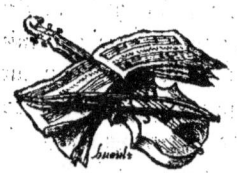

DES NOTES ET DES PAUSES.

D. EN combien de *valeurs* divise-t-on les *notes*?

R. En fix *valeurs* différentes.

D. Quelles font-elles?

R. La *ronde* ou *entiere*; la *blanche*, moitié de la *ronde*; la *noire*, quatrieme partie de la *ronde*; la *croche*, huitieme partie de la *ronde*; la *double-croche*, feizieme partie de la *ronde*; la *triple-croche*, trente-deuxieme partie de la *ronde*, &c. &c.

Exemple

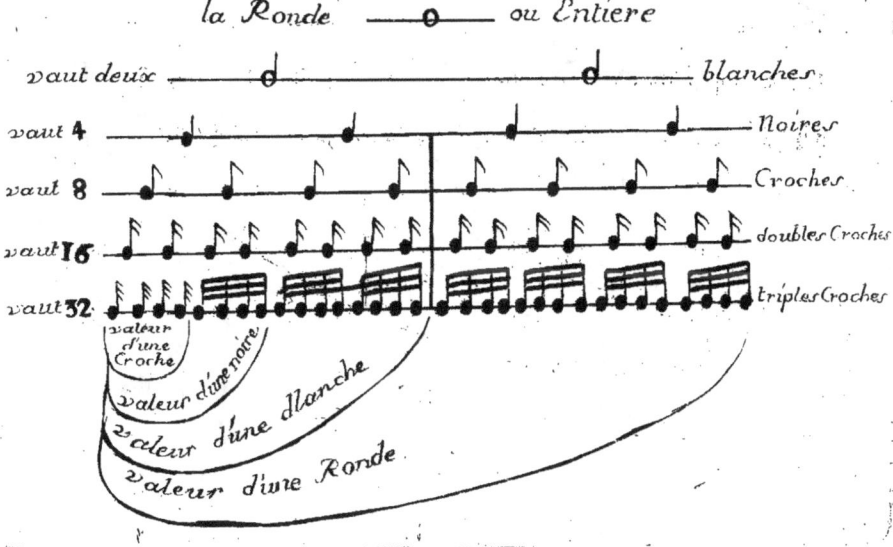

D. Quelles font les *paufes* qui fervent à la valeur des *notes* ?

R. La *paufe* fait garder le filence, jufqu'à ce que la *mefure* où elle fe rencontre foit finie ; la *demi-paufe* vaut une *blanche*, ou une *demi-mefure*, dans la mefure à quatre temps ; le *foupir* vaut une *noire* ; le *demi-foupir*, une *croche* ; le *quart* de *foupir*, une *double-croche*, & le *demi-quart* de *foupir*, une *triple-croche*. Lorfqu'on veut faire cefler la voix, ou l'inftrument, autant de temps que le goût du Compofiteur l'exige, on doit fe fervir de *paufes*, au lieu de *notes*.

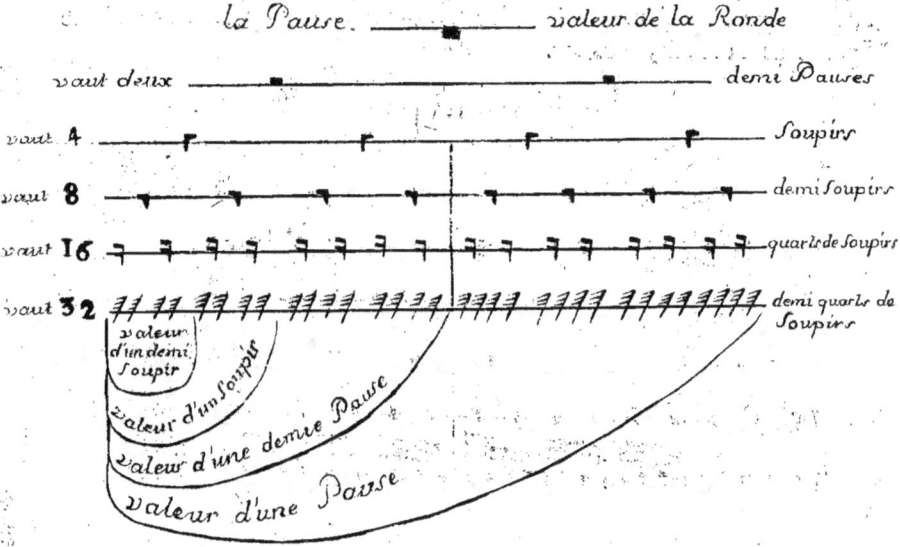

DES SIGNES.

D. QUELS font les *fignes* ufités dans la *Mufique?*

R. La *barre*, les deux *barres* avec des points, le renvoi, le *guidon*; la *cadence*, le *coulé*, le *tremblement*, la *tenue*, la *fyncope*, le *point*, le *bémol*, le *dièze* & le *béquarre*.

Exemple

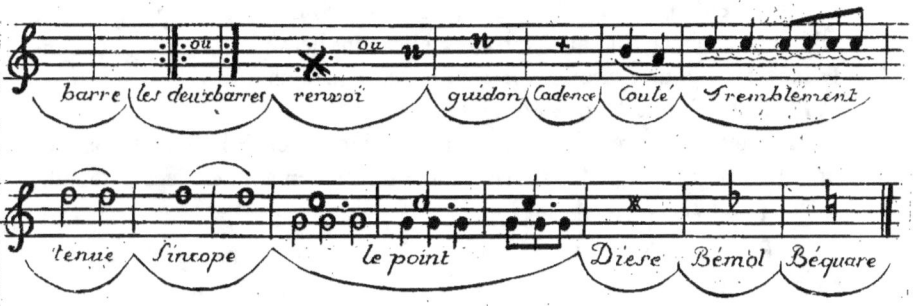

D. A quoi fert la *barre?*

R. La *barre* perpendiculaire, placée de diftance en diftance, fert à renfermer la quantité de *notes* dont eft compofée chaque *mefure*.

D. Quel eft l'ufage des deux *barres* avec des *points?*

R Ces deux *barres*, foit que les *points* foient en dedans ou en dehors, fervent à marquer qu'il faut répéter la premiere partie ou période de l'air, & jouer ou chanter deux fois la fuite, pour finir. On fe fert auffi du terme de *dacapo*, qui fignifie recommencer.

D. A quoi fert le *renvoi?*

R. Il indique qu'il faut immédiatement paffer à la premiere partie de l'air, & que la feconde fois il faut paffer fur la premiere *note*, qui eft après le *figne* de reprife.

B 2

D. Quel eſt l'uſage du *guidon?*

R. On le met à la fin des *lignes*, pour annoncer la *note* qui ſe trouve au commencement de la *portée* ſuivante.

D. De quoi eſt compoſée la *cadence?*

R. De deux *ſons* battus alternativement & par gradation, en commençant par la *note* ſupérieure.

D. Quel eſt l'uſage du *coulé?*

R. Il empêche d'articuler deux *notes* ou pluſieurs, par une liaiſon marquée ſur des *notes* qui montent ou deſcendent *diatoniquement*, ou par *intervalle*, afin de paſſer, avec plus de douceur, des unes aux autres.

D. N'y a-t-il rien à obſerver par rapport à toutes ces *notes?*

R. Il faut obſerver qu'on ne nomme que celle qui a le plus de *valeur*; ou qui porte le plus d'*harmonie* ſur la *Baſſe*; mais quand elles ne ſont attachées enſemble, ni par-deſſus, ni par-deſſous, il faut appliquer une ſyllabe à chacune; ſi, au contraire, elles ſont liées par un *coulé*, la même ſyllabe ſert pour toutes les *notes* que ce ſigne embraſſe.

D. A quoi ſert le *tremblement?*

R. Dans les pieces de déclamations, il caractériſe la crainte par un frémiſſement: ce ſigne ſe trouve ſur une ou pluſieurs *notes* liées enſemble.

D. Quel eſt l'objet de la *tenue?*

R. Elle attache pluſieurs *notes* enſemble ſur le même *degré*; elle augmente la durée du *ſon*, ſuivant la valeur & la quantité des *notes* qu'elle enchaîne. En ſolfiant, on n'exprime que la premiere *note*.

D. Qu'eſt-ce que la *ſyncope?*

R. C'eſt une liaiſon qui commence à la derniere moitié d'un temps, & qui continue ſur la premiere moitié d'un autre; ces deux *notes*, liées enſemble, n'en forment qu'une.

D. Qu'eſt-ce que le *point?*

R. Un *point*, mis au côté droit d'une *note*, en augmente la valeur de moitié: c'eſt la même choſe que ſi, après une *note*, on en mettoit ſur le même degré une autre qui ne valût que la moitié de la premiere; mais cette ſeconde *note* demandant une nouvelle articulation, on ſe ſert alors du *point*; de ſorte que la *ronde pointée* vaut trois *blanches*; la *blanche pointée*, trois *noires*; la *noire pointée*, trois *croches*; la *croche pointée*, trois *doubles-croches*; la *double-croche pointée*, trois *triples-croches*, &c. &c.

D. A quoi fert le *dièze* ?

R. Il augmente d'un *demi-ton* la note qu'il précède.

D. A quoi fert le *bémol* ?

R. Il diminue d'un *demi-ton* la *note* qu'il précède.

D. A quoi fert le *béquarre* ?

R. Il retranche le *dièze* & le *bémol*, qui ont paru avant lui fur la même *note*, qu'il remet dans fon ordre naturel :

Quelquefois on donne au *béquarre* la propriété du *dièze*.

DE LA MESURE.

D. QU'ENTEND-ON par *mefure* ?

R. La *mefure* fait durer les *fons* & les *filences*, plus ou moins, felon le genre & le caractère des différens airs. La durée égale de chaque *temps* & de chaque *mefure*, eft remplie par une ou plufieurs *notes*, auxquelles on donne diverfes *figures*, pour marquer leur diverfe durée; c'eft par la variété de la lenteur, de la viteffe, de la ceffation & de la reprife du mouvement qu'elle regle, que la *mefure* produit l'agréable enchantement de la Mufique.

D. En quoi confifte la *mefure* ?

R. La *mefure* naît du principe de l'harmonie, & celle-ci de la *Baffe fondamentale*, d'où dérivent tous les *accords*. La *mefure* confifte dans les nombres 2, 3 & 4, avec lefquels elle donne, foit par l'un, foit par l'autre, l'égalité de mouvement à l'*harmonie*, en divifant l'*octave* arithmétiquement par les nombres 2, 3 & 4, qui fervent à régler les mouvemens des temps, & harmoniquement par l'ordre qu'elle prefcrit relativement aux *fons*.

D. De quel mouvement faut-il fe fervir pour former l'oreille d'un commençant ?

R. Il convient d'abord de le régler par la *mefure* à deux temps, qui eft la plus naturelle; de ne lui faire exprimer, fur chaque temps, qu'une *blanche*, l'une en *frappant*, l'autre en *levant*; enfuite quatre *noires*, huit croches , feize *doubles-croches* , &c. d'en venir après à la *mefure* à trois temps , qui contient trois *noires* , ou une *blanche pointée* , fix *croches* , douze *doubles-croches* , &c. &c. enfuite à celle à quatre temps , marquée par un C, figne ordinaire de cette *mefure* : on fe fert quelquefois du C barré , pour défigner la *mefure* à deux temps. Celle à quatre temps contient une *ronde* ou quatre *noires* : il faut divifer le temps fur chacune d'elles ; c'eft-à-dire , marquer un temps fur chaque note ; enfuite , fubftituer huit croches , puis feize *doubles - croches* , &c. &c.

D. Que doit-on obferver d'ailleurs , foit en chantant , foit en jouant des inftrumens ?

R. C'eft de ne paffer d'une *mefure* à une autre , que lorfque l'oreille eft bien formée & connoît la valeur des *notes* dans la premiere.

D. Comment doit-on battre la *mefure* ?

R. La *mefure* fe bat par un *frapper* & un *lever* ; le *frapper* , en baiffant la main , & le *lever* , en la levant. Le temps du milieu fe fait en la rapportant à droite ou à gauche , & en frappant toujours fur la *note* qui fuit la *barre*.

Exemple

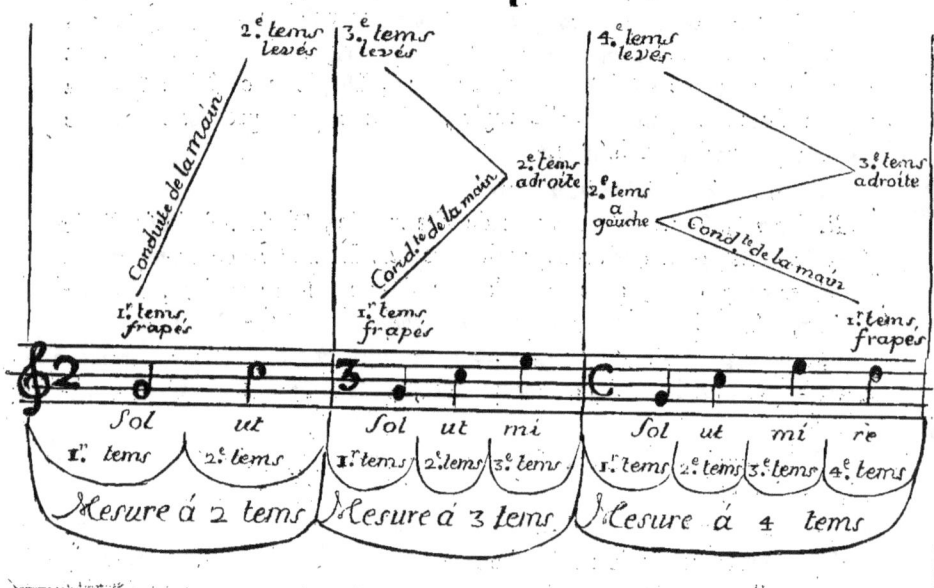

D. Quelles font les variétés de mouvement, dont la *mesure* est susceptible?

R. La *mesure* se bat lentement ou légèrement, selon le caractere des airs ; cette variété se marque, au commencement d'une pièce, par des signes ou chiffres mis après la *clef*.

D. Ne se sert-on que de signes ou chiffres, pour marquer le mouvement d'une pièce?

R. On employe assez communément les termes Italiens ; comme *adagio*, pour lent ; *allegro*, pour gai & léger ; *vivace*, pour vif ; *presto*, pour vîte ; *prestissimo*, pour très-vîte ; *andante*, pour rondement ; *largo*, pour large ; ou à grands traits d'archet ; *affectuoso*, pour affectueusement ; *piano*, pour doux & à petit bruit ; *forte*, pour fort ; *fortissimo*, pour fort, ou à grand bruit ; *allegro ma non tropo*, pour gai, mais non pas trop.

D. Combien distingue-t-on de sortes de *mesures*?

R. Il y en a trois, auxquelles se rapportent toutes les autres, & que l'on nomme *simples* & *composées*.

D. Quelles sont les *mesures simples*?

R. Ce sont celles marquées par un 2, ou 𝄵 barré, un 3, & un C simple ou 4 temps.

D. Quelles sont les *mesures* composées?

R. Ce sont celles marquées par les chiffres suivans, placés les uns sur les autres, lesquels désignent également les différentes portées de la *ronde* & de la division arithmétique : $\frac{2}{4} \; \frac{6}{4} \; \frac{6}{16} \; \frac{3}{2} \; \frac{9}{4} \; \frac{3}{8} \; \frac{12}{16} \; \frac{12}{8} \; \frac{6}{16}$

D. Que signifient ces chiffres rangés dans cet ordre?

R. Le supérieur marque le nombre de *temps* dont la *mesure* est composée, & l'inférieur, la valeur de la *note* qui remplit chaque *temps* : par exemple, le 2 fait voir que la *mesure* est à deux *temps*, & le 4, que pour chaque *temps* il faut la quatrieme partie d'une *ronde*, c'est-à-dire, une *noire*. Le $\frac{3}{8}$ indique que la *mesure* vaut trois fois la huitieme partie de la *ronde*, c'est-à-dire, trois croches, ou leur équivalent. Le $\frac{12}{8}$ annonce douze fois la huitieme partie de la *ronde*, ou douze croches ; ainsi des autres *mesures composées*.

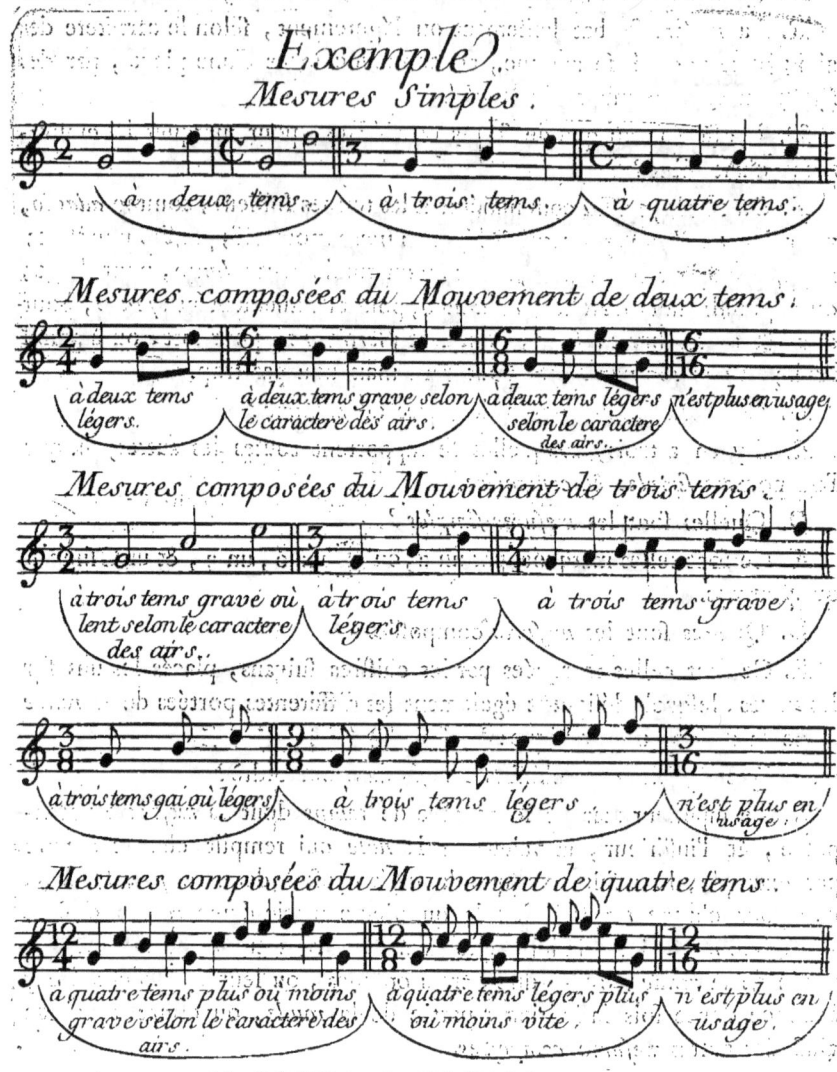

Exemple
Mesures Simples.

à deux tems.   à trois tems.   à quatre tems.

Mesures composées du Mouvement de deux tems.

à deux tems légers.   à deux tems grave selon le caractere des airs.   à deux tems légers selon le caractere des airs.   n'est plus en usage.

Mesures composées du Mouvement de trois tems.

à trois tems grave où lent selon le caractere des airs.   à trois tems légers.   à trois tems grave.

à trois tems gai ou légers.   à trois tems légers.   n'est plus en usage.

Mesures composées du Mouvement de quatre tems.

à quatre tems plus ou moins grave selon le caractere des airs.   à quatre tems légers plus ou moins vite.   n'est plus en usage.

DU MODE.

D. Qu'est-ce que le *mode* ?

R. Le *mode* fignifie *ton*, ou pratique différente des *fons*, des *tons* & *demi-tons*, qui fuivent la progreffion d'une *note* principale pour monter à fon *octave*. En partant d'*ut*, par exemple, les notes en montant font, *ré*, *mi*, *fa*, *fol*, *la*, *fi*, *ut*, répétition de la *note fondamentale*, qui a fervi de regle à l'échelle des autres. Les *accords* ne peuvent être com-pofés que des fons compris dans l'étendue de cette *octave*.

D. Combien y a-t-il de fortes de *modes* ?

R. Il y en a deux ; ordinairement la note *finale*, ou *tonique*, fert de fondement au *mode* & la *médiante*, qui eft la *tierce* de cette note, le conftitue. Cette *tierce* pouvant être de deux efpeces, il y a par conféquent deux *modes* différens : quand la *médiante* fait *tierce* majeure fur la *tonique*, le *mode* eft *majeur* & *mineur*, fi la *tierce* eft *mineure*.

D. Qu'eft-ce que la *tonique*, ou *finale* ?

R. La note *tonique*, *principale* ou *finale*, termes fynonimes, eft la *note fondamentale* de la *tierce*, qui défigne le *mode* fur lequel roule la modulation. Toutes les notes de la *Gamme* peuvent être *toniques* chacune à leur tour. Lorfque l'une eft *tonique*, la troifieme note qui la fuit en montant & qu'on nomme *tierce*, défigne un *mode majeur* ou *mineur* ; par exemple : fi la note *ut* eft *tonique*, & que la *tierce* qui eft *mi* foit *naturelle*, le *mode* eft *majeur* ; fi, au contraire, le *mi* eft *bémol*, la *tierce* eft *mineure*, & par conféquent le *mode*. De même, fi le *ré* eft *tonique*, & que la *tierce* qui eft *fa* foit ♯, le *mode* eft *majeur* : fi l'on fupprime le ♯ du *fa*, la *tierce* devient *mineure*, & le *mode* auffi. Ainfi, le *mode* eft toujours fondé fur une *note principale*, ou *tonique*, à laquelle toutes les autres font fubordonnées.

D. De combien de *tons* font compofées la *tierce* majeure & la *tierce mineure* ?

R. La *majeure* eft compofée de deux *tons*, & la *mineure*, d'un *ton* & demi.

C

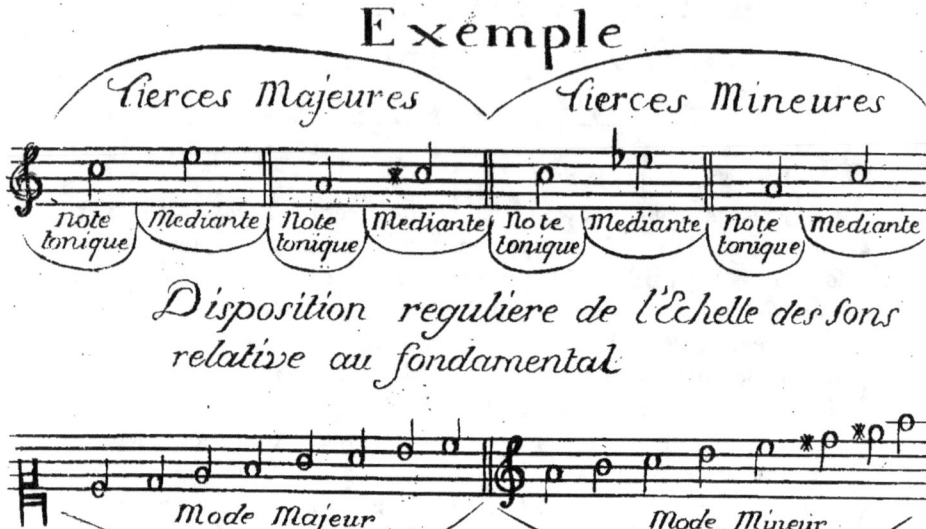

D. N'y a-t-il point d'autres obfervations à faire relativement aux *modes* ?

R. Avant de chanter, il faut bien examiner quelle eft la *note fonda-mentale* de la pièce qu'on veut exécuter, de quelle efpèce eft la *tierce*, & en quel lieu fe rencontrent les *demi-tons ;* la feptieme *note* n'étant qu'à un *femi-ton* de l'*octave* , c'eft-à-dire, faifant la *tierce majeure* de la *dominante*, comme le *fi* naturel dans le *mode majeur d'ut* , ou le *fol* dans le *mode mineur* de *la* , s'appelle *note fenfible* , parce qu'elle annonce la *tonique*, & fait fentir le *ton :* indépendamment de ce que la modulation roule fur un *fon* fixe & déterminé, il faut encore obferver que le *mode* a quatre *fons* effentiels, nommés *cordes*.

D. Quelles font ces *cordes ?*

R. La *fondamentale*, qui eft ordinairement la *finale ;* la *tierce* au-deffus de la *finale* , qu'on nomme *médiante ;* la *quinte* au-deffus de la *finale* , qu'on nomme *dominante* , & l'*octave* , qu'on nomme *replique*.

Exemple

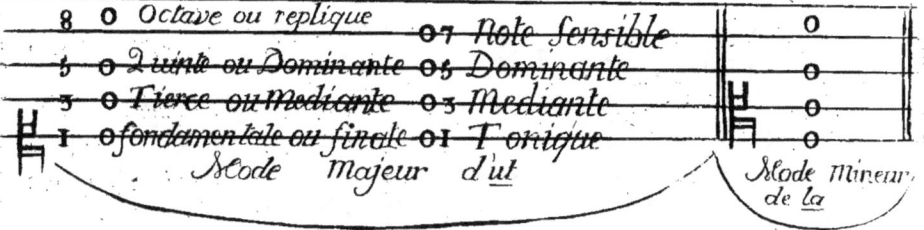

D. Y a-t-il des *degrés* plus affectés les uns que les autres aux *modes majeurs & mineurs?*

R. Les *modes majeurs & mineurs* se trouvent sur tous les *degrés*, ou *naturellement* lorsqu'il n'y a ni *dièze*, ni *bémol* après la *clef*, ou *accidentellement* lorsqu'il s'y en rencontre.

D. Le *mode* qui passe du *majeur* au *mineur*, ou du *mineur* au *majeur*, occasionne-t-il quelque variété dans le *son fondamental* de la pièce?

R. Il n'apporte aucun changement dans la *note fondamentale*, quoiqu'il lui donne un autre *nom*, par suppofition.

DE LA TRANSPOSITION DES CLEFS

PAR LES DIEZES.

D. COMBIEN y a-t-il de *dièzes* dans l'ordre *naturel* de la *transposition?*

R. Il y en a cinq: *fa, ut, sol, ré, la.*

D. Pourquoi les nommez-vous ainsi?

R. Lorsqu'il n'y a qu'un *dièze* à la *clef*, il ne doit être placé que sur le *degré* de la note *fa*; quand il y en a deux, le second est placé sur l'*ut ;* le troifième , fur le *fol ;* le quatrième, fur le *ré ;* le cinquième , fur le *la ;* de façon que les cinq'*dièzes* ne peuvent être placés à la *clef*, que fuivant l'ordre naturel de leur défignation ; c'eft-à-dire , qu'on ne peut employer un *dièze* à la *clef*, fans ceux qui le précèdent.

D. Comment les cinq *dièzes* fe placent - ils à la *clef ?*

R. Ils doivent fe trouver tous cinq à la *quinte* l'un de l'autre en montant, ou bien à la *quarte* en defcendant.

D. Qu'eft-ce que monter de *quinte* , ou defcendre de *quarte ?*

R. Monter de *quinte*, ou defcendre de *quarte*, c'eft abfolument la même chofe ; c'eft-à-dire, que fi l'on part d'une note *tonique fol* , par exemple, la cinquième note en montant , & la quatrième en defcendant, font toutes deux un *ré*, & par conféquent, à l'octave l'une de l'autre.

<h1 style="text-align:center">Exemple</h1>

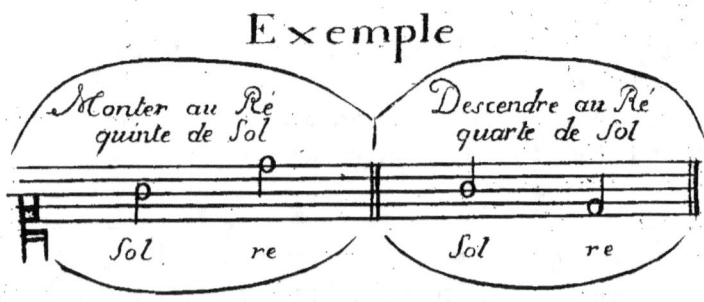

Il en eft abfolument de même dans le rapport des autres intervalles : la *feconde* , de la *note tonique* en montant, eft l'*octave* de la *feptieme* de cette même *tonique* en defcendant ; la *tierce* , en montant; l'*octave* de la *fixte* , en defcendant ; la *quarte* , en montant ; l'*octave* de la *quinte* , en defcendant ; la *fixte* , en montant ; l'*octave* de la *tierce* , en defcendant ; la *feptieme* , en montant ; l'*octave* de la *feconde* , en defcendant. Il réfulte donc qu'en partant toujours d'une *note tonique* , ou *principale* ; monter de *feconde* , ou defcendre de *feptieme* ; monter de *tierce* , ou defcendre de *fixte ;* monter de *quarte* , ou defcendre de *quinte ;* monter de *quinte* , ou defcendre de *quarte ;* monter de *fixte* , ou defcendre de *tierce ;* monter de *feptieme* , ou defcendre de *feconde ;* c'eft précifément la même chofe , puifque ces différens intervalles, pris deux à deux, donnent des *notes* à l'*octave*. Il n'y a de différence que du *grave* à l'*aigu*.

D. Quels changemens les *dièzes* produifent-ils à la *clef* ?

R. Le premier *dièze*, placé fur la note *fa* de la *clef* de *fol*, fur la première *ligne*, ou *clef* de *fa* fur la *quatrieme*, qui eft la même chofe, change le *fa* en *fi*, & donne la *clef fuppofée* d'*ut*, fur la première ligne : ainfi, au lieu de dire *fa*, *fol*, on dit *fi*, *ut*. —Le fecond *dièze*, placé fur la note *ut* de la même *clef* de *fol*, change l'*ut* en *fi*, & donne la *clef fuppofée* d'*ut* fur la troifième *ligne*. — Le troifième *dièze*, placé fur la note *fol* de la même *clef*, change le *fol* en *fi*, & donne la *clef fup-pofée* de *fa* fur la troifième ligne. — Le quatrième *dièze*, placé fur la note *ré* de la même *clef*, change le *ré* en *fi*, & donne la *clef fuppofée* de *fol* fur la feconde ligne; enfin, le cinquième *dièze*, placé fur la note *la* de la même *clef*, change le *la* en *fi*, & donne la *clef* fuppofée d'*ut* fur la feconde ligne. **Exemple**

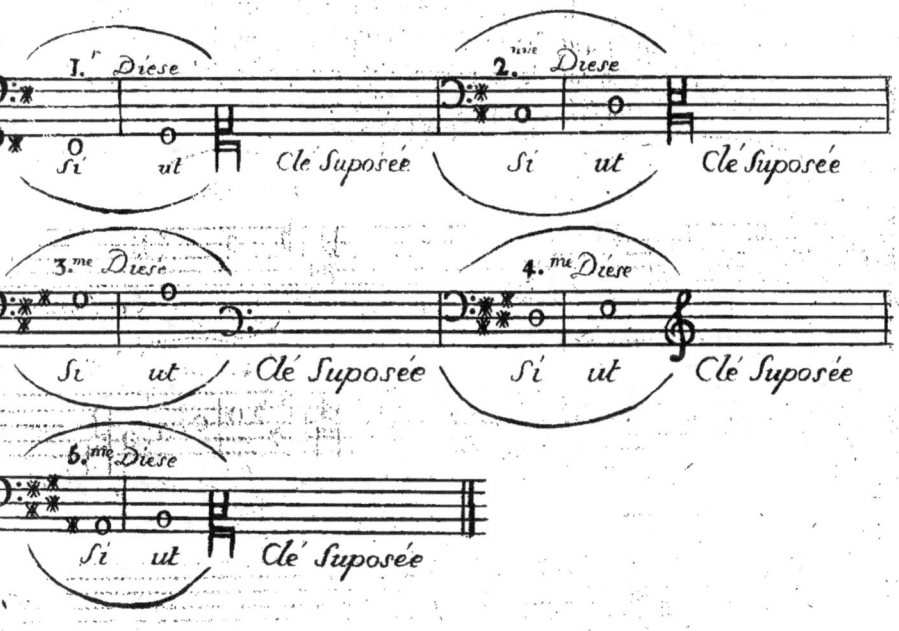

DE LA TRANSPOSITION DES CLEFS
PAR LES BÉMOLS.

D. LES *bémols* qui fe mettent immédiatement après la *clef*, fuivent-ils l'ordre de la *tranfpofition* ?

R. Il y a cinq *bémols*, qu'on appelle *fi*, *mi*, *la*, *ré*, *fol*, & qui, comme les *dièzes*, fuivent l'ordre de la *tranfpofition*. Le premier *bémol*, placé fur la note *fi* de la *clef* d'*ut*, fur la troifieme *ligne*, change le *fi* en *fa*, & donne, par la progreffion *diatonique*, la *clef fuppofée* d'*ut* fur la premiere *ligne*. — Le deuxieme *bémol*, placé fur la note *mi* de la même *clef*, change le *mi* en *fa*, & donne la *clef* de *fa* fur la quatrieme *ligne*. — Le troifieme *bémol*, placé fur la note *la* de la même *clef*, change le *la* en *fa*, & donne la *clef fuppofée* d'*ut* fur la quatrieme *ligne*. — Le quatrieme *bémol*, placé fur la note *ré* de la même *clef*, change le *ré* en *fa*, & donne la *clef fuppofée* d'*ut* fur la feconde *ligne*; enfin, le cinquieme *bémol*, placé fur la note *fol* de la même *clef*, change le *fol* en *fa*, & donne la *clef fuppofée* de *fol*, fur la feconde *ligne*.

Exemple

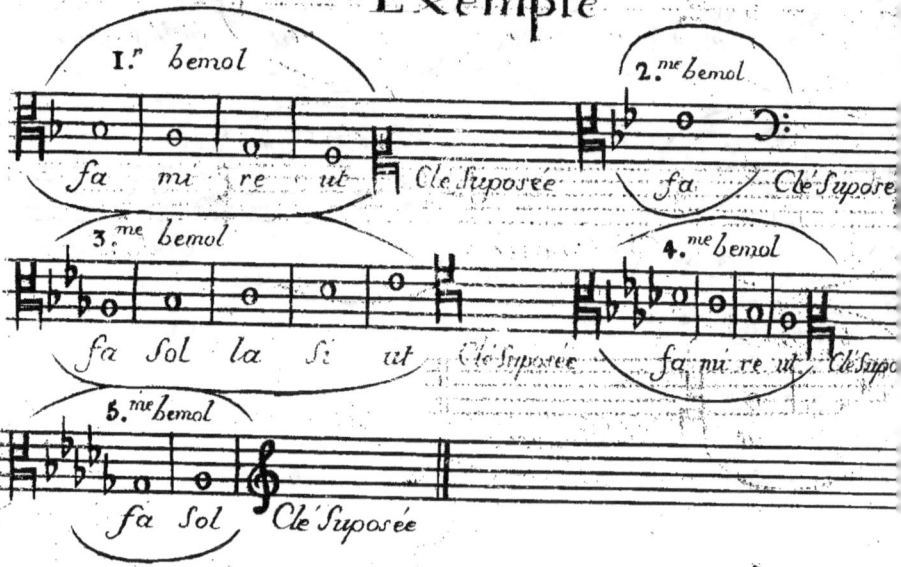

D. Ceux qui jouent des inftrumens font-ils ufage de la *règle* de la *tranfpofition?*

R. Non: ils obfervent feulement les *bémols* & les *dièzes* où ils font placés. La même chofe devroit fe pratiquer dans le chant, après qu'on auroit acquis une grande habitude de leurs propriétés & de leurs intonations, car cette pratique eft très-néceffaire ; par ce moyen, les études feroient moins longues & moins languiffantes, & les progrès plus fûrs & plus rapides.

DES PARTIES CHANTANTES.

D. QUELS font les noms des *parties chantantes?*

R. Le *premier* & le *fecond deffus*, la *haute-contre*, la *haute-taille* la *baffe-taille* & la *baffe-contre*.

D. Qu'eft-ce que le *premier* & *fecond deffus?*

R. Ce font les voix les plus *aigues*, c'eft-à-dire, les plus hautes ; ces deux parties ne conviennent qu'à des voix féminines.

D. Quelle eft la *clef* & l'étendue de la voix du *premier deffus?*

R. On fe fert de la *clef* de *fol* fur la feconde *ligne*, ou de celle d'*ut* fur la premiere. L'étendue de la voix eft communément de treize *degrés*, parcourant depuis l'*ut* au-deffous de la *clef* jufqu'au *la*, octave au-deffus de celui de la *clef* ; ce qui fait diatoniquement *dix tons & demi*.

Exemple

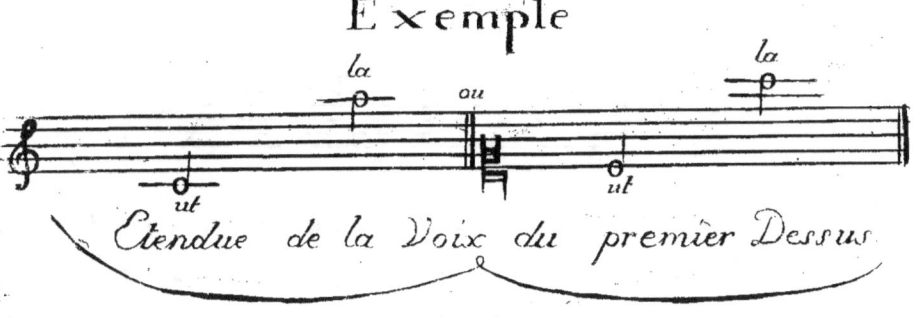

Étendue de la Voix du premier Dessus

D. Quelle eſt la *clef* & l'étendue de la voix du *ſecond deſſus ?*

R. On ſe ſert quelquefois de la *clef* de *ſol* ſur la ſeconde *ligne ;* mais plus communément de celle d'*ut* ſur la premiere. L'étendue de la voix eſt de quatorze *degrés* , en commençant du *ſol* en bas au-deſſous de la *clef* juſqu'au *fa* , *octave* de celui de la *clef* , ce qui fait diatoniquement *onze tons.*

Exemple

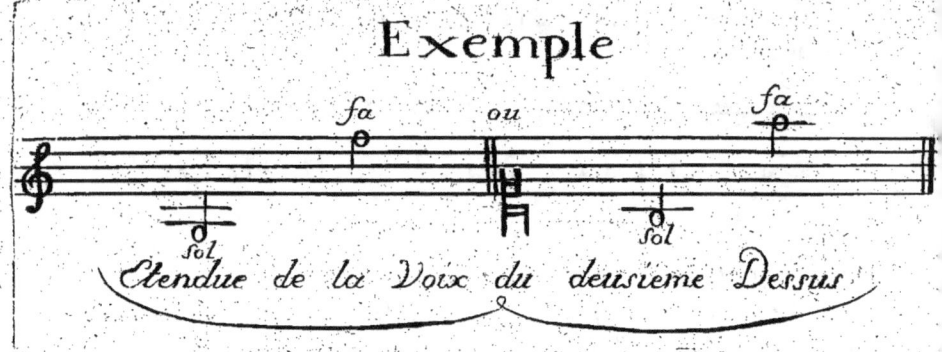

Étendue de la Voix du deusieme Dessus

D. Qu'eſt-ce que la *haute-contre ?*

R. C'eſt la voix la plus *aigue* de celles maſculines.

D. Quelle eſt la *clef* & l'étendue de la *haute-contre ?*

R. On fait uſage de la *clef* d'*ut* ſur la troiſieme *ligne.* L'étendue de cette voix eſt de quinze *degrés* , à partir de l'*ut* au-deſſous de la *clef* juſqu'à l'*ut* , *octave* de celui de la *clef* : ce qui fait diatoniquement *douze tons.*

Exemple

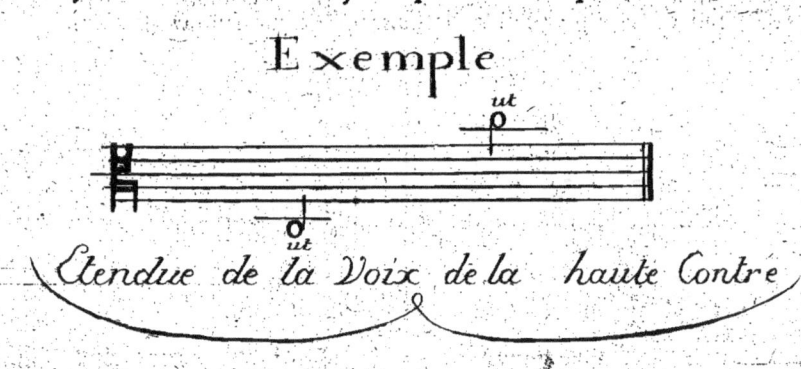

Étendue de la Voix de la haute Contre

D. Qu'est-ce que la *haute-taille?*

R. C'est une partie moyenne qui approche de la *haute-contre.*

D. Quelle est la *clef* & l'étendue de la *haute-taille?*

R. On se sert de la *clef* d'*ut* sur la quatrieme *ligne.* L'étendue de cette voix doit être de treize *degrés,* partant de l'*ut* au-dessous de la *clef,* jusqu'au *la* au-dessus ; ce qui fait diatoniquement *dix tons & demi.*

Exemple

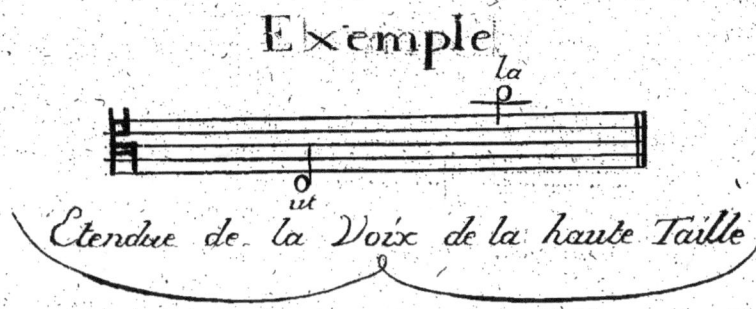

Étendue de la Voix de la haute Taille

D. Qu'est-ce que la *basse-taille?*

R. C'est une partie moyenne entre la *haute-taille* & la *basse-contre* ; on l'appelle aussi *concordante.*

D. Quelle est la *clef* & l'étendue de la *basse-taille?*

R. On se sert de la *clef* de *fa* sur la quatrieme *ligne.* L'étendue de cette voix est ordinairement de quatorze *degrés,* à compter du *sol* au-dessous de la *clef,* jusqu'au *fa* au-dessus ; ce qui fait diatoniquement *onze tons & demi.*

Exemple

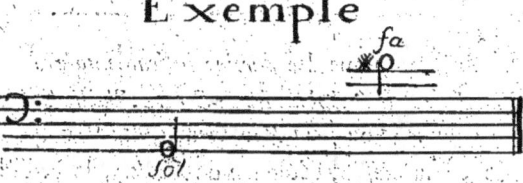

Étendue de la Voix de la Basse-taille ou Concordante

D

D. Qu'est-ce que la *baſſe-contre* ?

R. C'eſt la plus *grave*, c'eſt-à-dire, la plus *baſſe* des voix maſculines.

D. Quelle eſt la *clef* & l'étendue de la *baſſe-contre* ?

R. On ſe ſert de la *clef* de *fa* ſur la quatrieme *ligne*. Cette voix a une étendue de quatorze *degrés*, à commencer du *fa*, huitieme *degré* ſous la *clef*, juſqu'au *mi* ♮ au-deſſus de la *clef*.

Exemple

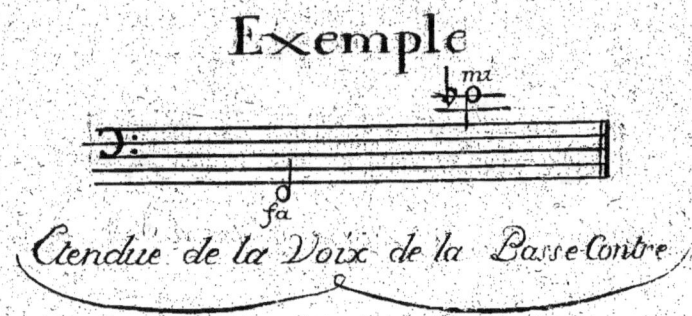

Étendue de la Voix de la Baſſe-Contre

DES PARTIES INSTRUMENTALES.

D. QUELS ſont les noms des *parties inſtrumentales* ?

R. Violon, Flûte, Hautbois, Haute-Contre, Taille & *Quinte* de *Violon, Baſſon, Baſſe* de *Violon*, ou *Violoncelle*, &c. &c.

D. Quelle eſt la *clef* & l'étendue du *Violon*, de la *Flûte* & du *Hautbois* ?

R. On ſe ſert de la *clef* de *ſol* ſur la premiere *ligne*, & plus ordinai-rement ſur la ſeconde *ligne*. Le *Violon* a ſon étendue d'une *oĉłave* au-deſſous de la *clef*; la *Flûte*, d'une *quarte*, & le *Hautbois*, d'une *quinte*, en parcourant jufqu'à la note *ré* en haut, douze *degrés* au-deffus de la *clef.* On ne peut excéder cette étendue, que lorfqu'on eft conduit par fa propre expérience.

Exemple

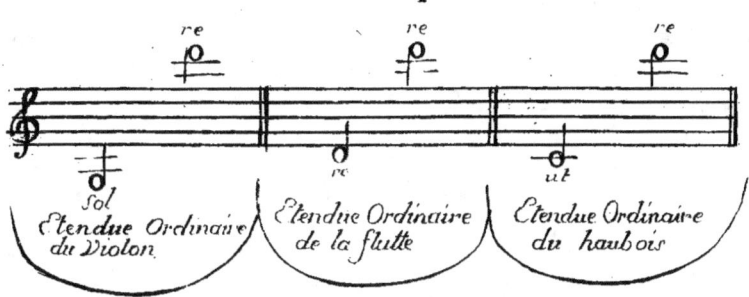

D. Quelles font les *clefs* & l'*étendue* de la *Haute-Contre*, *Taille* & *Quinte* de *Violon* ?

R. Pour la *Haute-Contre*, on fe fert ordinairement de la *clef* d'*ut* fur la premiere *ligne ;* pour la *Taille*, de celle d'*ut* fur la feconde, & pour la *Quinte*, de celle d'*ut* fur la troifieme. Ces trois inftrumens s'accordent de même, & par conféquent, ont une même étendue de dix-fept *degrés*, à compter du huitieme *degré* au-deffous de la *clef*, jufqu'à la note *fi* en haut, dixieme *degré* au-deffus de la *clef.*

Exemple

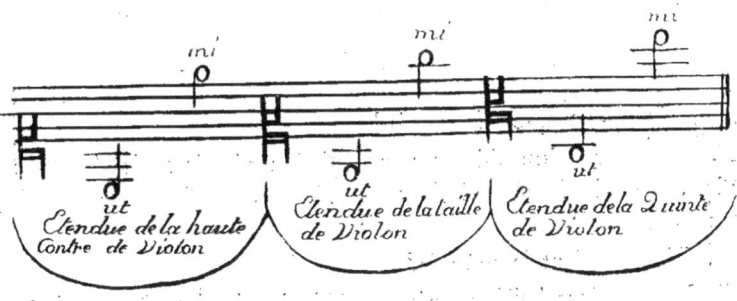

D. Quelle eſt la *clef* & l'étendue du *Baſſon* & *Baſſe* de *Violon?*

R. On ſe ſert pour les *Baſſes*, de la *clef* de *fa* ſur la quatrieme *ligne ;* mais quand la partie excède les *degrés* en montant, on ſe ſert pour lors de la *clef* d'*ut* ſur la troiſieme ou quatrieme *ligne*. L'étendue du *Baſſon* eſt de vingt *degrés*, en commençant au douzieme ſous la *clef*, juſqu'au *ſol* en haut, neuvieme *degré* au-deſſus de la *clef*. L'étendue du *Violoncelle* ou *Baſſe* de *Violon*, eſt de dix-neuf *degrés*, à compter de la note *ut*, onzieme *degré* au-deſſous de la *clef*, juſqu'au *ſol* en haut, neuvieme *degré* au-deſſus de la *clef*.

Exemple

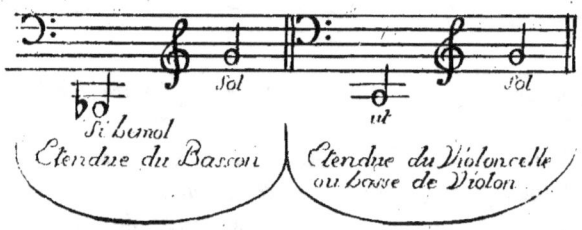

DE L'HARMONIE.

D. QU'EST-CE que l'*harmonie?*

R. C'eſt la réunion ſuivant une gradation réguliere de deux ou de pluſieurs *ſons* différens, qui s'accordent enſemble, & affeɔent agréablement l'oreille.

D. D'où provient la *mélodie?*

R. Elle provient de l'*harmonie*, & réſide dans le *chant* d'une ſeule *partie*.

D. Comment peut-on connoître si une musique est *mélodieuse?*

R. Lorsque le *chant* répond à la beauté de l'*harmonie.*

D. Dans quel temps connoît-on l'*harmonie* d'une pièce?

R. C'est dans le premier *temps* de la *mesure* qu'elle doit se faire sentir.

D. En quoi consiste la parfaite *harmonie?*

R. Dans les quatre *parties.*

D. Comment rend-on les *sons* de l'*harmonie?*

R. Par des *voix* ou des *instrumens.* Chaque *voix* & chaque *instrument* s'appelle *partie.* Chaque *partie* a de plus un nom particulier, qui se reconnoît par la différente position des *clefs.*

DES AGRÉMENS DU CHANT.

D. A quoi servent les *agrémens* du *chant?*

R. A chanter avec goût.

D. Combien y en a-t-il?

R. Il y en a six essentiels; savoir: les *sons filés*, les *cadences lentes*, les *flattés*, les *brisés*, les *cadences appuyées*, précédées d'un *double brisé*, & les *ports* de *voix finis.*

D. Qu'est-ce que les *sons filés?*

R. Ils se font ordinairement sur une ou plusieurs *notes graves*, liées ensemble; on commence par faire sentir la syllabe de la *note* par un *son doux filé* insensiblement, de sorte que la voix soit pleine dans la valeur de la moitié de la *note*, sur laquelle on fait le *son filé.* Il ne faut nullement altérer le *ton*, ni la valeur de cette *note*, & diminuer ensuite pour le finir, comme on l'a commencé,

Exemple

Demonstration du Son filé

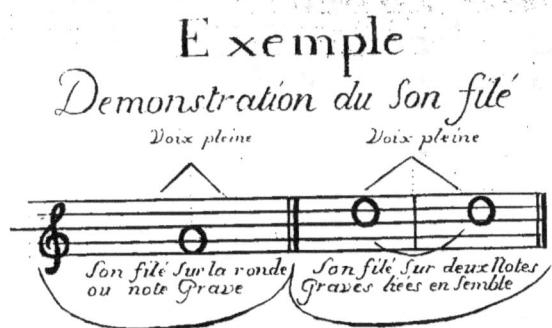

Voix pleine — Voix pleine

Son filé sur la ronde ou note Grave — Son filé sur deux Notes Graves liées ensemble

Notes sur lesquels il faut s'Exercer

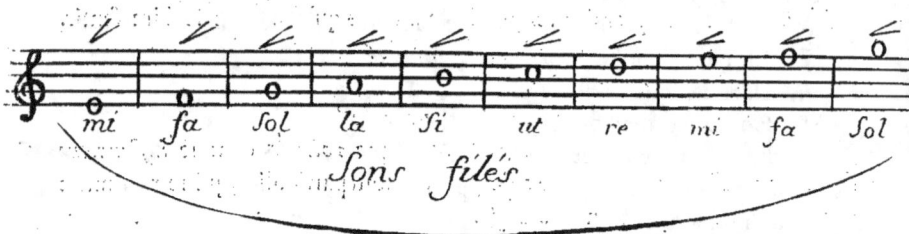

mi   fa   sol   la   si   ut   re   mi   fa   sol

Sons filés

D. Qu'eſt-ce que les *cadences lentes* ?

R. Elles conſiſtent dans deux *ſons battus* alternativement, & par une gradation ſi meſurée, dans ſon inégalité, qu'en finiſſant, ils ſoient confondus de façon à ne pouvoir plus les diſtinguer : il faut beaucoup d'exercice, pour parvenir à faire les *cadences* ſur différentes *modulations*, à moins de diſpoſitions heureuſes & naturelles.

Exemple

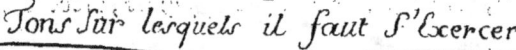

Tons sur lesquels il faut s'Exercer

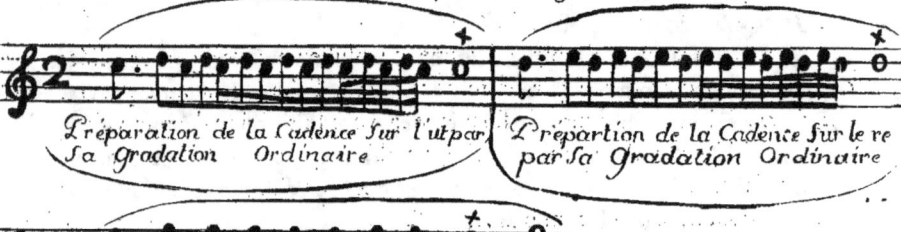

Préparation de la Cadence sur l'ut par sa gradation Ordinaire

Préparation de la Cadence sur le re par sa gradation Ordinaire

Préparation de la Cadence sur le mi par sa gradation Ordinaire

D. Qu'est-ce que les *flattés* ?

R. Les *flattés* servent à des expressions tendres ; & pour les rendre tels que le goût l'exige, il faut avoir acquis, par la pratique, un peu de flexibilité dans la voix. Ils se font en coulant à la fois deux, ou plusieurs *notes* mélangées d'un petit *pincé*, ou frémissement qui, pour ainsi dire, a un peu rapport à la *cadence précipitée*. Les *notes* dont on se sert pour marquer les *flattés*, font quelquefois partie de la *mesure*, & quelquefois aussi sont hors d'œuvre à la *mesure*.

Exemple

Tons sur lesquels il faut s'Exercer

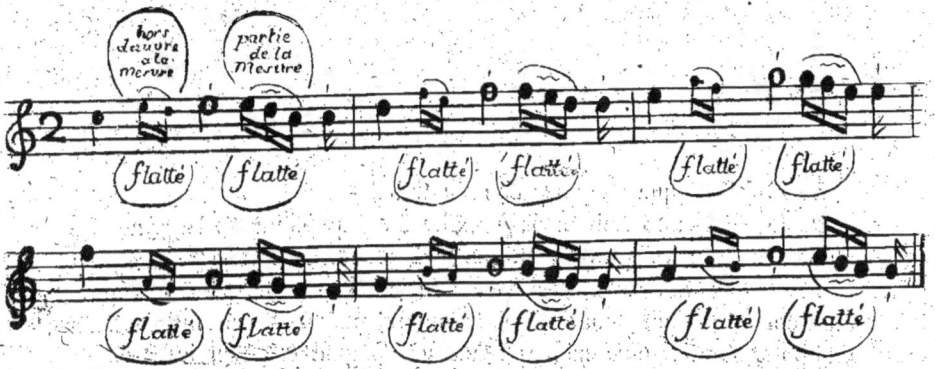

D. Qu'est-ce que les *brisés* ?

R. Les *brisés* servent à des expressions vives & légeres : ils sont préparés d'une *note* pointée, soit *croche*, *double*, ou *triple-croche*, & mélangés d'un *pincé*, ou frémissement, qui marque la *note* sur laquelle le *brisé* tombe.

Exemple

Tons sur lesquels il faut s'Exercer

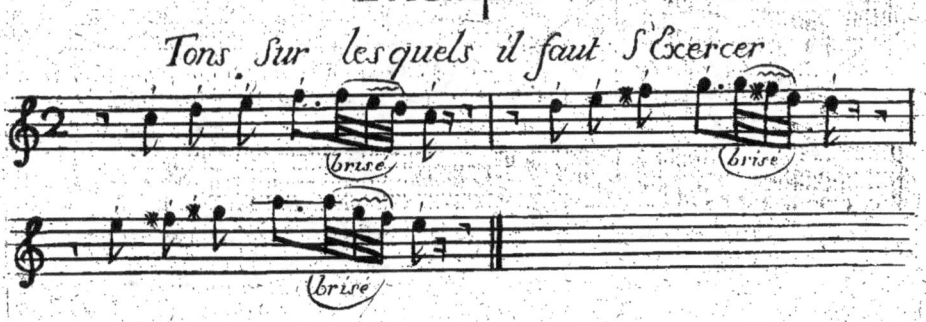

D. Qu'eft-ce que les *cadences* appuyées & précédées d'un *double-brifé* ?

R. Ces *cadences* ne fe préparent point comme les *cadences lentes.* L'égalité du *battement* précipité, que l'on prend pour les commencer, fe continue de même pour les finir. Elles ont lieu plus fouvent dans le corps d'une pièce, que dans les *finales.*

Exemple
Tons fur lesquels il faut S'Exercer

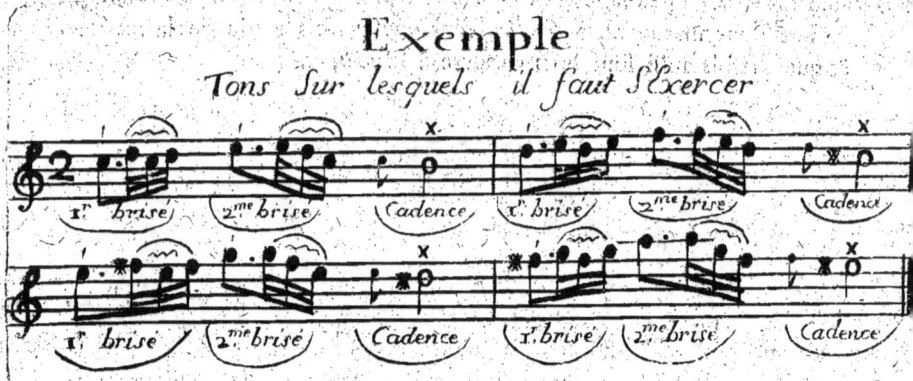

D. Qu'eft-ce que les *ports de voix finis ?*

R. Ils fervent ordinairement à rendre des expreffions de langueur. Le plus fouvent on les trouve placés entre la *note fenfible* & la *tonique*, ou *finale* : ils empruntent toujours de l'un ou de l'autre de ces *fons*, pour terminer la *tonique*, comme par un mouvement de cœur involontaire. Ces *ports de voix finis* exigent beaucoup de goût & d'exercice.

Exemple
Tons fur lesquels il faut S'Exercer

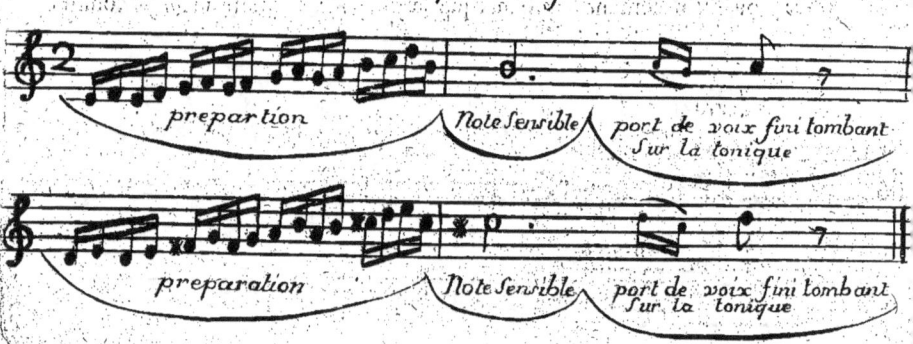

D. Peut-on employer indiſtinctement tous les *agrémens* du chant, en *ſolfiant* ou en chantant les paroles affectées à un air ?

R. Rien n'eſt plus contraire à l'étude de la *Muſique*, que de faire trop d'*agrémens* en *ſolfiant* la *note*, parce que ſouvent on s'écarte de la juſteſſe du *ſon*, à moins d'être bien verſé dans la connoiſſance des *tons* ; de même, ſi on les employe trop ſouvent dans l'exécution d'un chant ou d'une pièce inſtrumentale, il en réſulte qu'on décline ou l'on augmente la juſteſſe de l'intonation du *ton*, ſur lequel on fait les agrémens, on altere la *mélodie*, on défigure les paroles d'où dérive la déclamation du chant, au point de les rendre inintelligibles, & enfin on dérange l'*harmonie*. Il faut donc bien exprimer les paroles & le chant qui lui eſt affecté, & n'employer les agrémens, que lorſque le bon goût le preſcrit. Tel eſt le vrai moyen de chanter toujours juſte & de ſe faire admirer des Connoiſſeurs.

D. Que convient-il de ſavoir encore pour chanter à livre ouvert ?

R. Il faut poſſéder parfaitement les pratiques de *quarte*, de *quinte* & *quarte*, de *ſixte* & de *ſeptième* ; car, dans ce nombre, il s'en trouve dont on ne rend l'intonation facile, qu'au moyen d'un *dièze* ou d'un *bémol*, placé accidentellement.

D. Faites-les connoître ?

R. La *quarte ſuperflue*, c'eſt lorſque la quatrième *note*, à compter de celle dont on part, eſt *majeure*, comme de *fa* à *ſi*, en montant. Cet *intervalle* eſt difficile à entonner, mais en ajoutant un *bémol* à la note *ſi*, la *quarte* devient juſte & l'intonation facile : il en eſt de même de la *quarte ſuperflue* en deſcendant, mais en ajoutant un *dièze* au *fa*, on la rend juſte & l'intonation aiſée ; d'où il réſulte qu'en partant d'une *note bémoliſée*, pour paſſer à une *quatrième naturelle* en montant, l'intervalle eſt toujours difficile & facile au contraire en partant d'une *note bémoliſée*, pour faire entendre en montant une *quatrième*, auſſi *bémoliſée* : de même, cet *intervalle* eſt difficile, en partant d'une *note dièzée* pour deſcendre ſur une *quatrième naturelle*, mais il devient aiſé en partant d'une *note dièzée*, pour deſcendre à une *quatrième* auſſi *dièzée*.

E

Exemple

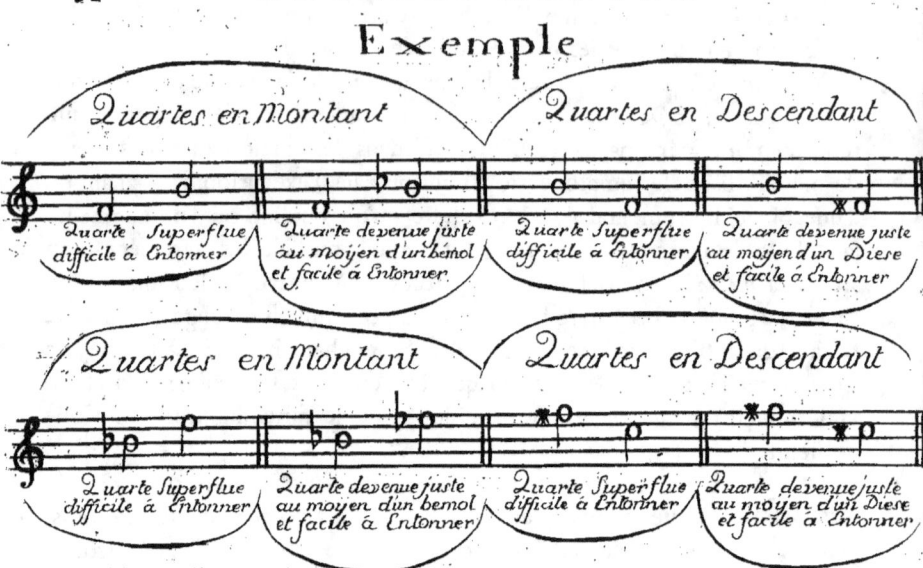

D. L'intonation de *quinte* & *quarte* est-elle difficile ?

R. Non: parce qu'en partant d'une *note fondamentale* pour monter à la *quinte*, qui en est la *dominante*, & passer ensuite à la *quarte* au-dessus de cette *dominante*, qui est l'octave de la *fondamentale*, la progression est naturelle; ces *intervalles* formant ensemble une *partie*, ou plus souvent l'*accord parfait* dans son entier, lequel est composé de la *tierce*, de la *quinte* & de l'octave.

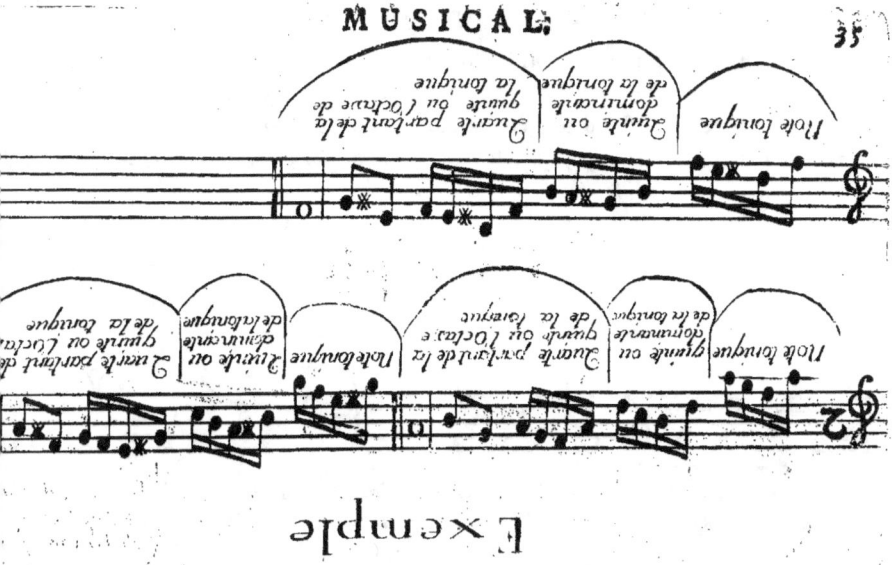

Exemple

D. Comment fait-on les intonations de *sixte* ?

R. Les *intervalles* de *sixte* se pratiquent en montant à la *quarte* d'une note *fondamentale*, ensuite à la *tierce* au-dessus de cette *quarte*, qui devient *sixte* de la *fondamentale* & quelquefois en descendant à la *tierce* sous la note *fondamentale*, qui devient l'*octave* de la *sixte*, pour descendre de *tierce*, ou monter de *sixte* ; ce qui est la même chose.

Exemple

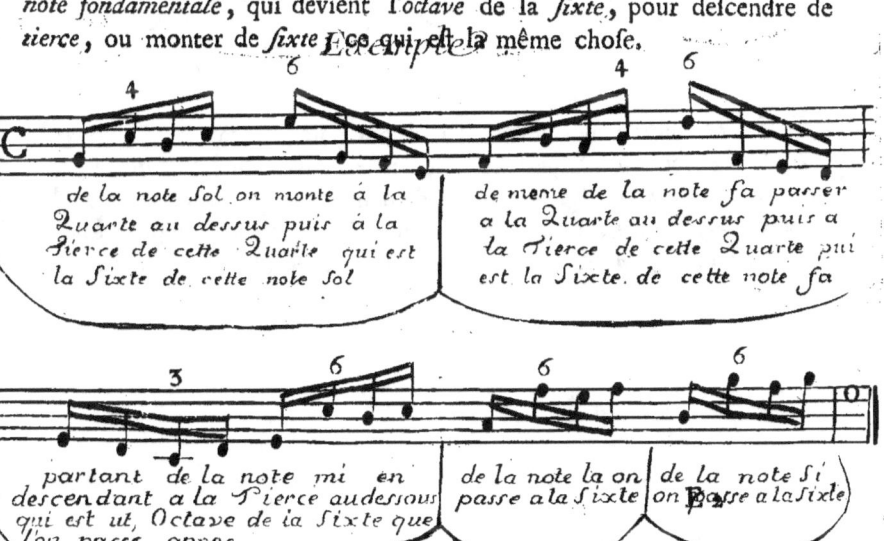

D. Comment pratique-t-on les *septièmes?*

R. Les *intervalles diſſonans* de *ſeptième* ſe pratiquent en montant de *tierce* en *tierce*; c'eſt-à-dire, en partant d'une *note tonique* ſuppoſée *ut*, paſſant enſuite à la *tierce*, qui eſt *mi*; de-là au *ſol*, *tierce* du *mi* & enfin au *ſi*, *tierce* du *ſol* & *ſeptième* de l'*ut*.

Exemple

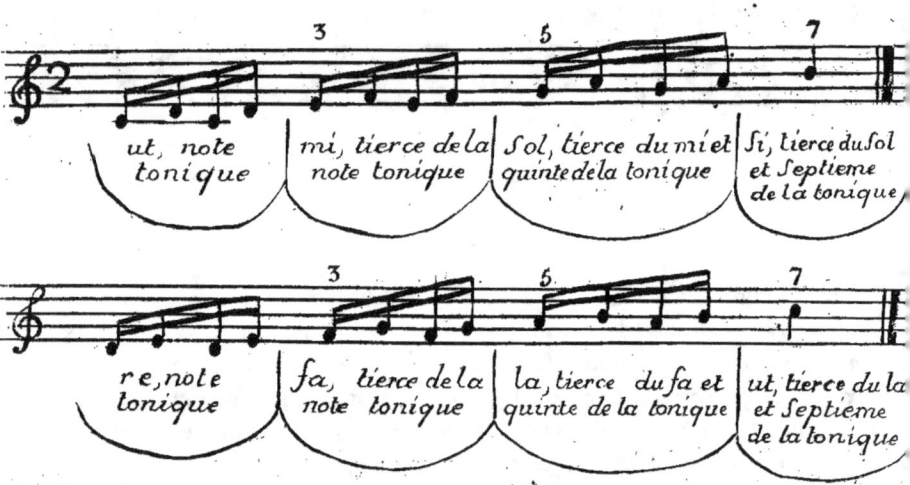

D. Eſt-ce tout ce qu'il eſt néceſſaire d'apprendre pour ſavoir la *Muſique?*

R. Oui : connoiſſant parfaitement les *principes* de la *Muſique*, les *agrémens* du *chant* & les *intervalles* de *quarte*, de *quinte* & *quarte*, de *ſixte* & de *ſeptième*, il ne reſte plus qu'à s'exercer avec attention, pour parvenir à *déchiffrer* & chanter avec goût toute ſorte de *Muſique* à livre ouvert.

DE L'ACCOMPAGNEMENT
DU CLAVESSIN.

D. Qu'est-ce que l'*accompagnement*?

R. C'est un assemblage d'*accords* rangés avec art, qui servent à lier l'*harmonie* & à remplir le vuide qui se trouve entre des parties éloignées, comme sont un *dessus* & une *basse*.

D. Quelle est la façon de placer les mains sur le *clavier* pour rendre les *accords* ?

R. Ce qu'on appelle *degré* ou *son fondamental*, veut dire *basse* dans la *pratique*. Cette *basse* se touche toujours de la main gauche, pendant que les *intervalles* que l'on compare à cette *basse* & que l'on comprend sous le nom d'*accords*, se touchent de la main droite ; ce qui forme un *accord* est l'*intervalle* qui se trouve entre deux *notes*, comme d'*ut* à *ré*, de *ré* à *mi*, &c.

D. Combien comptez-vous d'*intervalles*?

R. Huit ; savoir : la *seconde*, la *tierce*, la *quarte*, la *quinte*, la *sixte*, la *septième*, l'*octave* & la *neuvième*.

Exemple

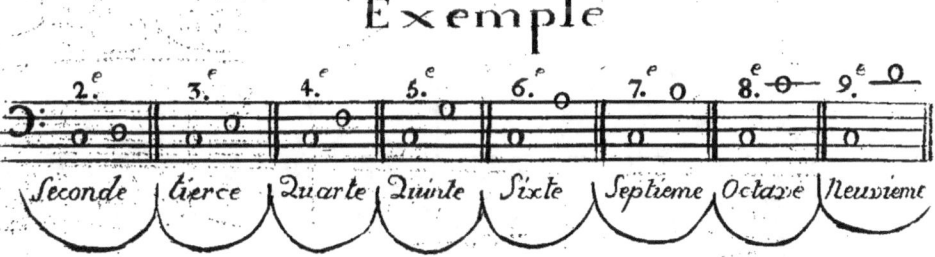

D. En combien d'efpèces fe divifent ces *intervalles ?*

R. En quatre ; favoir : *majeurs, mineurs , fuperflus* & *diminuts.*

D. Quels font les *accords majeurs, mineurs , fuperflus* & *diminués ?*

R. Les *accords fuperflus* font ceux qui font naturellement *majeurs,* comme la *feconde,* la *quinte* & la *feptieme.* Le *diminué* eft celui qui, étant *mineur,* eft diminué d'un *demi-ton ;* cet *accord* ne regarde que la *feptieme.* Les *majeurs* & *mineurs* ne conviennent qu'à la *tierce* & à la *fixte,* que l'on doit toujours diftinguer par l'un & par l'autre. Ainfi, quand on parle de la *feconde,* dè la *quinte* & de la *feptieme* ordinaire, on les entend toujours *majeures ;* de même, la *quarte* ordinaire eft fous-entendue *mineure.*

D. Comment connoît-on de quelle efpèce eft un *accord ?*

R. La *feconde* eft quelquefois *fuperflue ;* la *tierce* eft toujours *mineure* ou *majeure ;* la *quarte,* quand elle eft *majeure,* eft appellée *triton ;* la *quinte-mineure* eft appellée *fauffe quinte,* elle eft quelquefois *fuperflue ;* la *fixte* eft ou *majeure* ou *mineure ;* la *feptieme* ordinaire eft fous-entendue *majeure,* elle eft, outre cela, *mineure, diminuée* & *fuperflue.* L'*octave* doit toujours être jufte ; la *neuvieme* eft *majeure* ou *mineure.*

Exemple

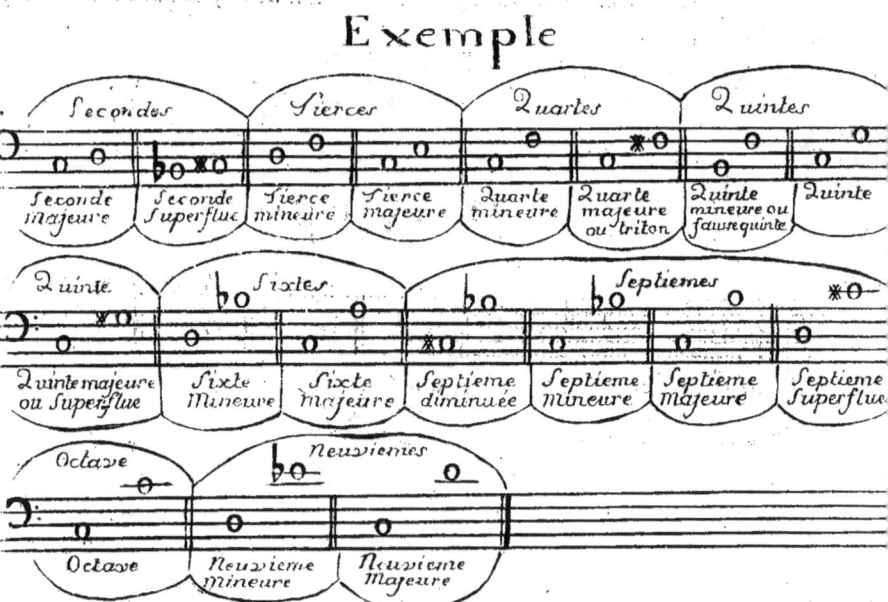

D. Ces différens *accords* se divisent-ils?

R. Oui : en deux espèces, les *consonnans* & les *dissonans*.

D. Qu'entendez-vous par *consonnans* & *dissonans*?

R. Les *consonnans* sont ceux qui produisent des *sons parfaits* & qui flattent agréablement l'oreille ; tels sont la *tierce*, la *quinte*, la *sixte*, l'*octave*, & quelquefois la *quarte*. Les *dissonans* sont, au contraire, ceux qui produisent des *sons* durs & qui semblent choquer l'oreille, mais qui deviennent agréables, quand ils sont préparés & sauvés par les *consonnans*. Ces *accords dissonans* sont la *seconde*, la *fausse quinte*, la *quinte superflue*, la *septieme* de toute espèce, la *neuvieme* de même, le *triton*, & quelquefois la *quarte*.

D. Quels sont les *degrés* qui servent de fondement aux *accords*?

R. La *basse* étant le fondement de l'*harmonie*, c'est sur elle qu'il faut compter ses *accords*, & non pas d'une note à l'autre de la main droite. Les *intervalles* qui passent l'étendue de l'*octave*, ne sont que des répétitions des autres ; & par conséquent les mêmes *accords*, à l'exception de la *neuvieme*, qui doit être regardée pour telle & non pas comme répétition de la *seconde*, puisqu'elle est accompagnée, préparée & sauvée autrement : mais la *dixieme* est la répétition de la *tierce* ; la *onzieme*, de la *quarte*, &c. &c.

D. Quelle est la façon de pratiquer les *accords*?

R. Lorsqu'on connoît les *intervalles* sur le *clavier*, il faut commencer à assembler les *accords*, qui sont au nombre de *trois*. On accompagne de deux celui qui est marqué seul ; c'est-à-dire, s'il n'y a qu'un chiffre sur une *note*. Par exemple : pour désigner l'*accord parfait*, on mettra un 3 sur la *note* de la *basse* ; ce 3 marque qu'il faut faire l'*accord parfait*, qui s'accompagne de la *quinte* & de l'*octave*, jointe à la *tierce*. Il faut donc joindre la *quinte* & l'*octave* à cette *tierce*. Quand il y a deux chiffres à la *basse*, on en ajoute un troisième ; mais quand il y en a trois de chiffres, on les fait tels qu'ils sont marqués. Cependant, dans certaines occasions, on y en ajoute quelquefois un quatrieme.

D. Quelle eſt la règle pour connoître les accompagnemens des *notes chiffrées*?

	Signes des Accords.
R. Quand une *note de Baſſe* n'eſt marquée d'aucun *chiffre*, on y doit placer l'*accord parfait*, compoſé de la *tierce*, de la *quinte*, & de l'*octave*.	8 5 3
La *ſeconde* s'accompagne de la *ſixte* & de la *quarte*.	6 4 4 2, ou 2, ou 2
La *ſeconde ſuperflue* s'accompagne de la *ſixte* & du *triton*.	6 4 ✕ 2, ou ✕ 2, ou ✕ 2
La *tierce* ſeule déſigne l'*accord parfait*. Lorſqu'elle eſt *majeure*, elle ſe marque par un ✕ (dièze) & un 3.	✕ 3, ou ✕
Quand elle eſt *mineure* elle ſe marque par un *bémol* & un 3.	♭ 3, ou ♭
La *quarte*, chiffrée ſeule, s'accompagne de la *quinte* & de l'*octave*; elle ſe marque par un 4, ou un cinq quatre.	4 5 4, ou 5 4
Quand la *ſixte* eſt chiffrée avec la *quarte*, on n'y joint alors que l'*octave*.	6 4
Le *triton* s'accompagne de la *ſeconde* & de la *ſixte*.	6 6 4, ou ✕ 4, ou 2 4
La *quinte* ſeule déſigne l'*accord parfait*.	5
La *fauſſe quinte* s'accompagne de la *ſixte* & de la *tierce*.	6 ♭ 5, ou ♭ 5, ou ♭ 5
La *quinte ſuperflue* s'accompagne de la *ſeptieme*, de la *neuvieme* & de la *tierce*.	✕ 5
Il y a trois eſpèces de *ſixtes*, l'une que l'on appelle *ſixte ſimple*, qui eſt compoſée de la *ſixte*, de la *tierce* & de l'*octave*.	8 3 6, ou 6
L'autre, que l'on appelle *petite ſixte*, eſt compoſée de la *ſixte*, ordinairement *majeure*, de la *quarte* & de la *tierce*.	6 3 6, ou ✕ 6, ou 4, ou 4 6
L'autre eſpèce n'eſt compoſée que de deux *accords*, qui ſont la *ſixte* & la *tierce*, dont l'un des deux eſt doublé; elle ſe marque par un 6.	6

Nota.

	Signes des Accords.

Nota. Quoique ces trois efpeces de *fixtes* foient fouvent marquées l'une comme l'autre, elles fe diftinguent cependant par les *degrés* où elles fe trouvent.

La *feptieme* s'accompagne de la *quinte* & de la *tierce*. . . . . . . — $\begin{matrix} 7 \\ 5 \end{matrix}$ 7, ou 3

La *feptieme fuperflue* s'accompagne de la *feconde*, de la *quarte* & de la *tierce*. . . . — $\begin{matrix} 7 \\ 5 \\ 4 \end{matrix}$ ⚔7, ou 7, ou 2

La *feptieme mineure* s'accompagne comme la *majeure* de la *quinte* & de la *tierce*. . . — ♭7, ou 7

La *feptieme diminuée* s'accompagne de la *fauffequinte* & de la *tierce majeure*; comme elle fe chiffre de même que la *feptieme mineure*, c'eft l'occafion où elle fe pratique qui en fait connoître la différence.

L'*octave* feule défigne l'*accord parfait*. . . — 8

La *neuvieme majeure* ou *mineure* s'accompagne de la *quinte* & de l'*octave*. . . . — 9

Nota. Il y a des *accords* marqués par deux chiffres, comme la *feptieme* & la *neuvieme*, la *quarte* & la *fixte*, la *quinte* & *fixte*, la *feptieme fuperflue*, & la *fixte mineure*, le *triton* & la *tierce mineure*.

La *feptieme* & la *neuvieme* s'accompagnent de la *tierce* & de la *quinte*. . . . — $\begin{matrix} 9 \\ 7 \end{matrix}$

La *quarte* & *fixte* s'accompagnent de l'*octave*. — $\begin{matrix} 6 \\ 4 \end{matrix}$

La *quinte* & *fixte* s'accompagnent de la *tierce*. — $\begin{matrix} 6 \\ 5 \end{matrix}$

La *feptieme fuperflue* & la *fixte mineure*, s'accompagnent de la *feconde* & de la *quarte*. . — ♭6 ⚔7, ou ⚔7

Le *triton* & la *tierce mineure* s'accompagnent de la *fixte*. . . . . . . — ♭3 ⚔4, ou ♭3 ✕4

La *feptieme* & la *quarte* s'accompagnent de la *quinte*. . . . . — $\begin{matrix} 7 \\ 4 \end{matrix}$

La *neuvieme* & la *quarte* s'accompagnent de la *feptieme* & de la *quinte*. . . . — $\begin{matrix} 9 \\ 4 \end{matrix}$

F

D. Quels font les *degrés* affectés à chaque *accord* ?

R. Pour fe préfenter les *degrés* où doit fe faire chaque *accord*, il faut fe propofer un ordre dans chaque *modulation*, foit *majeure*, foit *mineure*. Cet ordre doit fuivre les *notes* de l'octave en montant & en defcendant : *ut* , *ré* , *mi* , *fa* , *fol* , *la* , *fi* , *ut*, La premiere *note* de chaque *accord* doit toujours être prife pour le premier *degré*.

E X E M P L E.

En montant.

Sur le premier . . . . l'accord *parfait*.
Sur le deuxieme . . . . là *petite fixte*.
Sur le troifieme . . . . la *fixte fimple*.
Sur le quatrieme . . . . la *quinte & fixte*.
Sur le cinquieme . . . . l'accord *parfait*.
Sur le fixieme . . . . l'accord *doublé*.
Sur le feptieme . . . . la *fauffe quinte*.
Sur le huitieme . . . . l'accord *parfait*.

En defcendant.

Sur le premier . . . . l'accord *parfait*.
Sur le deuxieme . . . . l'accord *doublé*.
Sur le troifieme . . . . la *petite fixte*.
Sur le quatrieme . . . . l'accord *parfait*.
Sur le cinquieme . . . . le *triton*.
Sur le fixieme . . . . l'accord *fimple*.
Sur le feptieme . . . . la *petite fixte*.
Sur le huitieme . . . . l'accord *parfait*.

Exemple du Majeur

En Montant

Main droite

Main gauche

| Note tonique | 2.ᵉ Note | Mediante | 4.ᵉ note ou sou dominante | dominante | 5.ᵉ Note | Note sensible ou fausse quinte | Octave |

En Dessendant

Main droite

Main gauche

| Accord parfait | Accord double | petite Sixte | Accord parfait | triton | Accord Simple | petite Sixte | Accord parfait |

Exemple du Mineur

En Montant

Main droite

Main gauche

F 2

En Descendant

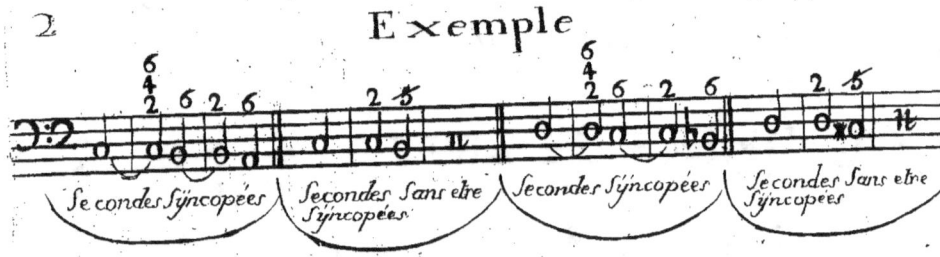

D. Faites connoître la *regle* pour *préparer* & *sauver* les *diffonances*, ainsi que les *degrés* où elles font pratiquées.

R. Les *diffonances* doivent, à caufe de leur dureté, être *préparées* & *fauvées* par des *confonnances*, à l'exception de quelques unes qui peuvent paffer pour *confonnances*, telles que la *feptieme*, la *neuvieme* & quelquefois la *quarte*; mais toutes les autres doivent toujours être *préparées* & *fauvées*: ainfi, la *feconde* fe *prépare* d'un *accord parfait* & fe *fauve* par une *fixte fimple*; quand la note de la *baffe* où elle fe fait est *fyncopée* & quand elle ne l'eft point, elle eft fuivie de la *fauffe quinte.* Ordinairement elle fe fait fur le premier *degré.*

Exemple

La *feconde fuperflue* fe prépare d'un *accord parfait* & fe fauve de la *quinte* & *fixte*; elle fe fait fur le *dixieme degré* des *tons mineurs.*

Exemple

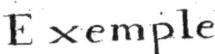
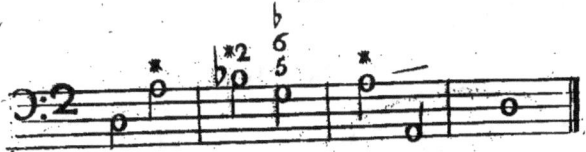

La *quarte* se *prépare* ou par l'*accord parfait*; quand la *basse* monte d'une *quinte*, ou par la *quinte & sixte*, quand elle ne monte que d'un *ton*; elle se sauve par l'*accord parfait* & se fait ordinairement sur le cinquieme *degré* en montant.

Exemple

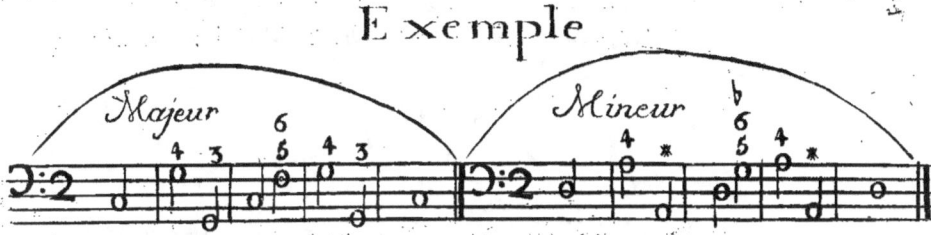

Le *triton* est *préparé* par un *accord parfait*, la *basse* descendant d'un *ton* & il est *sauvé* par l'*accord simple*. Il se fait sur le cinquieme *degré* en descendant.

Exemple

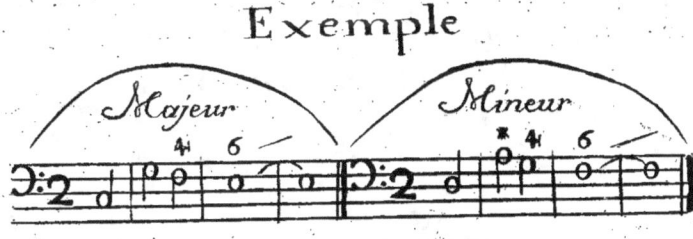

La *fauſſe quinte* eſt *préparée* en deſcendant par un *accord parfait*, ou en montant par la *ſixte*; elle ſe *ſauve* toujours par un *accord parfait* & ſe fait ſur le ſeptieme *degré* en montant.

Exemple

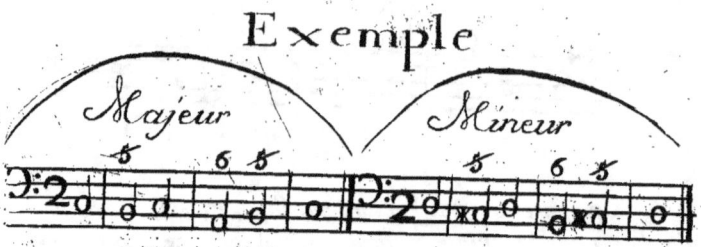

La *quinte ſuperflue* ſe *prévare* de la *petite ſixte*, ou de la *fauſſe quinte* & de *ſixte majeure*. Elle ſe *ſauve* de l'*accord parfait*, la *baſſe* deſcendant d'une *tierce*; elle ſe fait ſur le troiſieme *degré* des *tons mineurs* en montant.

Exemple

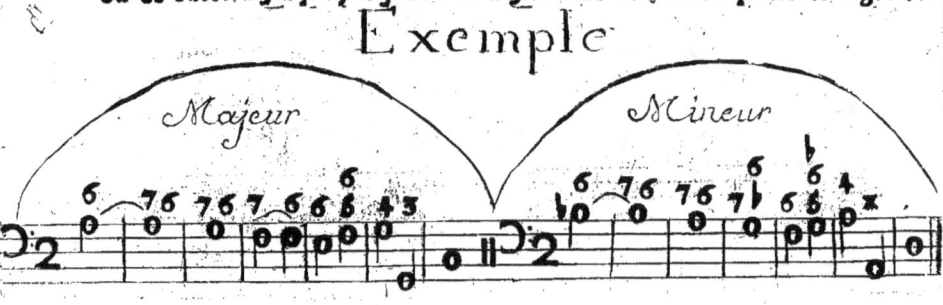

La *ſeptieme* ſe fait ſouvent ſans être *préparée* ni *ſauvée*; mais quand la note de la *baſſe* eſt *ſyncopée*, elle ſe *prépare*, ou de l'*accord parfait*, ou de l'*accord ſimple*, ſe *ſauve* de la *ſixte* & ſe fait ſur pluſieurs *degrés*.

Exemple

La *septieme superflue* est *préparée* & *sauvée* de l'*accord parfait*, la *basse* ne faisant aucun mouvement; elle se fait sur le *premier degré*.

Exemple

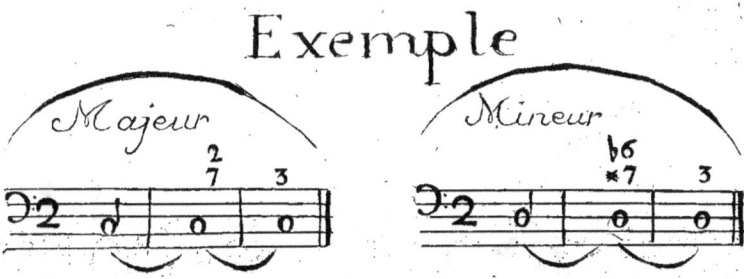

La *septieme diminuée* est *préparée* & *sauvée* de l'*accord parfait*; elle se fait sur le *septieme degré*, en montant des *tons mineurs*.

Exemple

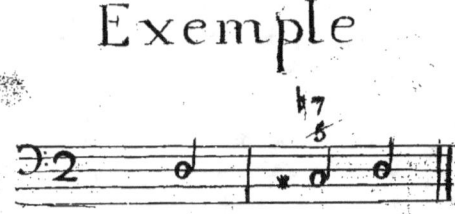

La *neuvieme* est comme la *septieme*; elle n'a besoin d'être ni *préparée*, ni *sauvée*, à moins que la *note* de la *basse* ne soit syncopée: alors, elle se *prépare* d'un *accord parfait* & se *sauve* de même. Elle se fait aussi sur plusieurs *degrés*.

Exemple

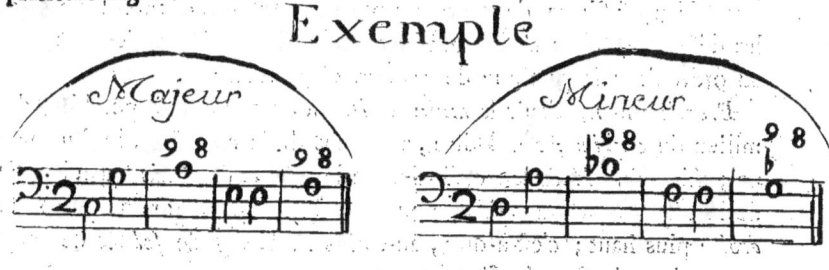

La *septieme* & la *neuvieme*, jointes enfemble, font précédées de l'*accord parfait* & fuivies de l'*accord fimple*. Cet accord n'a point de *degrés affectés*.

Exemple

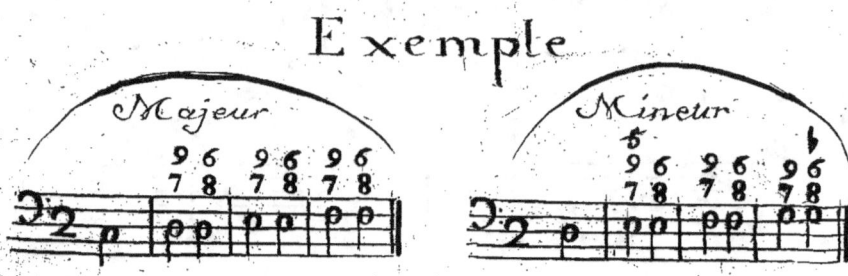

La *quarte* & *fixte* comme *diffonance*, c'eft-à-dire, lorfqu'elle fe fait fur une note *fyncopée*, fe *prépare* & fe *fauve* de l'*accord parfait*; elle fe fait fur les *premier* & *cinquieme degrés*.

Exemple

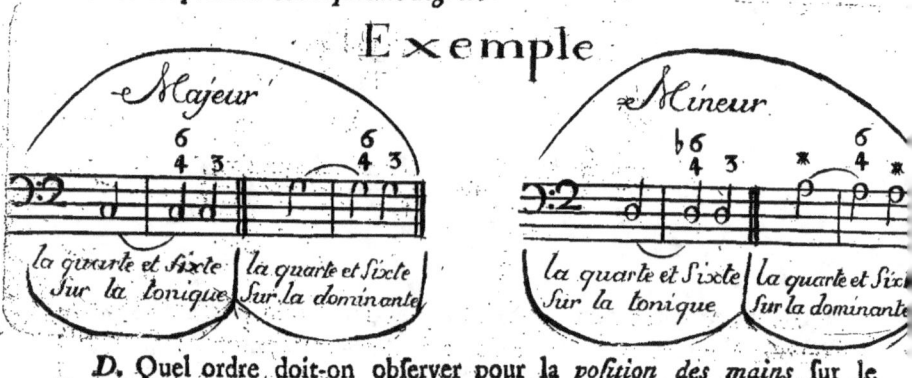

D. Quel ordre doit-on obferver pour la *pofition des mains* fur le clavier?

R. Il ne fuffit pas de connoître parfaitement les *accords*, les *chiffres* qui les défignent & les *degrés* qui leur font affectés, il faut encore obferver un ordre dans la pratique de ces *accords*; favoir:

Premierement. Tenir la *main droite*, autant qu'il eft poffible, dans le milieu du *clavier*; c'eft-à-dire, au-deffus de la *clef d'ut*, lorfque la *baffe* ne paffe point l'étendue ordinaire de la *clef de fa*. Mais quand on fe fert de la *clef d'ut* fur la *troifieme* ou *quatrieme ligne*, alors on place la *main droite* plus haut; c'eft-à-dire, au-deffus de la *clef* de *fol* & de même à proportion, lorfque la *Baffe* monte.

Secondement.

Secondement. Remuer les deux *mains* en sens contraires ; c'est-à-dire ; quand la *main gauche* monte, on doit, autant qu'il est possible, faire descendre la *droite* & sur-tout lorsqu'il se trouve de suite deux *accords* où la *quinte* & l'*octave* se rencontrent, afin d'éviter la faute de deux *quintes* & de deux *octaves* par mouvemens semblables, ce qui en est une essentielle.

Troisiemement. La *main droite* ne doit point sauter d'un *accord* à l'autre, sur-tout à un *intervalle* éloigné ; mais il faut prendre ses *accords* le plus près les uns des autres qu'il est possible. On peut, lorsque les deux *mains* se trouvent trop pressées, ne faire que deux *accords* de la *droite*, afin d'éviter la faute de deux *quintes*, ou de deux *octaves*, ou même celle de sauter à un *accord* trop éloigné.

Quatriemement. Quand on accompagne des *récits*, on double quelquefois les *accords* que l'on fait de la *main droite* pour donner plus d'*harmonie* ; ce qui ne doit se faire qu'à propos, autrement cela causeroit trop de confusion dans l'*acompagnement*.

Cinquiemement. Il ne faut pas rebattre trop souvent l'*accord* sur une *note* qui tient ; il suffit de le faire entendre d'abord & sur-tout les *dissonances* ; si la *note* dure plusieurs *mesures*, & qu'elle ne demande qu'un *accord parfait*, il suffit de rebattre cet *accord* tout au plus au commencement de chaque *mesure*.

Sixiemement. On n'est pas obligé de faire un *accord* sur chaque *note* ; sur-tout quand ce sont plusieurs *croches*, ou *doubles-croches* de suite. On ne doit pas même le faire, s'ils n'y sont pas marqués.

Septiemement. Une *barre* au-dessus de plusieurs *notes*, signifie le même *accord* tenu.

Huitiemement. On peut quelquefois faire des *arpégemens*, c'est-à-dire ; rebattre les unes après les autres les *notes* qui composent l'*accord* ; mais cela ne doit se faire qu'à propos dans les *récits*, sur des *blanches*, ou sur des *rondes*. D'ailleurs, comme le goût doit décider de ces sortes d'*arpégemens*, c'est à l'*Accompagnateur* à juger des endroits où ils peuvent convenir.

D. Y a-t-il des *accords* qui ayent du rapport les uns aux autres ?

R. Il y en a certains qui, sans déranger en aucune façon la *main droite*, changent de nature : il ne faut que porter la *note* de la *basse*, une *tierce*, une *quinte*, une *quarte*, une *quinte*, ou une *sixte* au-dessus ou au-dessous, pour former un autre *accord* de la *note* changée à la *basse*.

G

EXEMPLE.

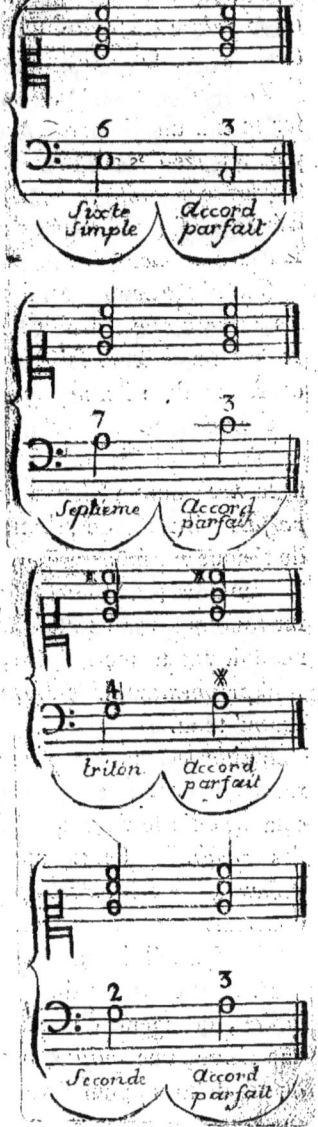

Un *accord simple* est toujours l'*accord par-fait* de la *tierce* au-dessous.

La *septieme* est l'accord *parfait* de la *tierce* au-dessus.

Le *triton* est l'accord *parfait*, avec la *tierce majeure* de la note au-dessus.

La *seconde* est l'accord *parfait*, avec la *tierce mineure* de la note au-dessus.

La *quarte* & *sixte* eft l'accord *parfait* de
la *quarte* au-deffus.

La *neuvieme* & la *feptieme*, lorfqu'on n'y
met point la *tierce*, eft l'accord *parfait* de
la *quarte* au-deffous.

La *quinte* & *fixte* & la *fauffe quinte* n'ont
rien de différent pour la *main droite*, c'eft
la *baffe* feule qui en fait la différence.

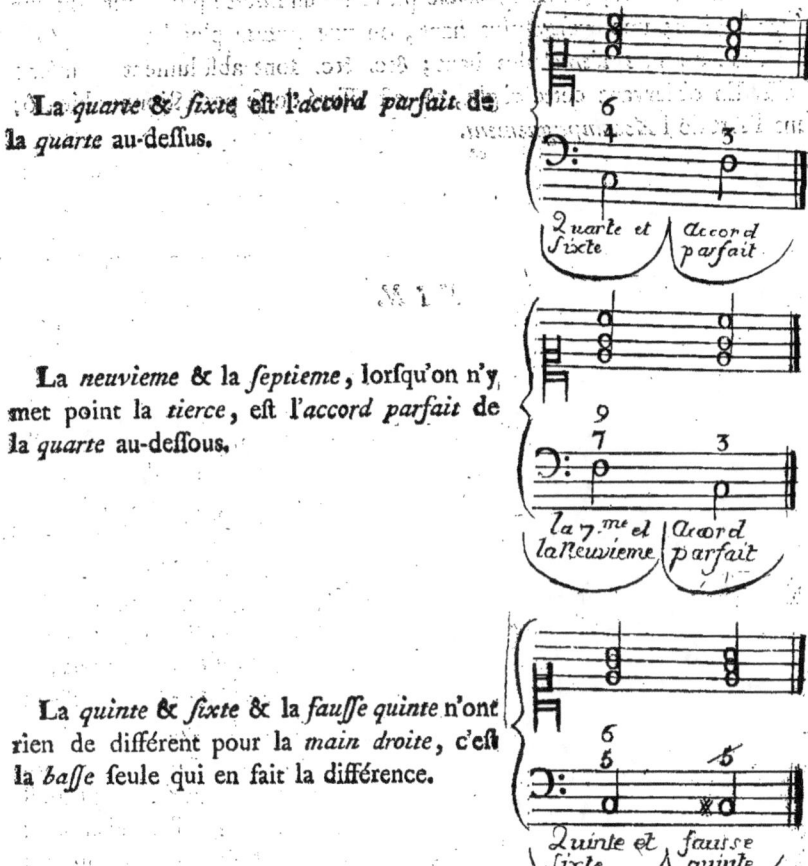

Enfin, il ne refte plus qu'à s'exercer fur tous les *accords* & à les prat-
tiquer fur chaque *note* du *Clavier*; c'eft-à-dire, fur tous les *tons*, pour
en acquérir l'habitude : on ne fauroit trop faire attention à ce rapport
d'accords. Cet exercice, non-feulement en facilite beaucoup la connoiffance,
mais encore il fait fentir dans l'inftant, qu'un tel *accord* en formera tel
autre, en portant la *note* de la *baffe* une *tierce*, une *quarte*, une *quinte*,
ou une *feptieme* plus haut ; il faut auffi ne jamais perdre de vue qu'une

septieme plus haut, ou une *seconde* plus bas ; une *tierce* plus haut, ou une *sixte* plus bas ; une *quinte* plus haut , ou une *quarte* plus bas ; une *sixte* plus bas, ou une *tierce* plus haut ; &c. &c. sont absolument la même chose. En observant cette règle, on est assuré de se perfectionner bientôt dans l'Art de l'*Accompagnement*.

FIN.

fentera ; à peine de faifie & de confifcation des exemplaires contrefaits ; de fix mille livres d'amende , qui ne pourra être modérée, pour la premiere fois , de pareille amende & de déchéance d'état en cas de récidive ; & de tous dépens , dommages & intérêts , conformément à l'Arrêt du Confeil du 30 Août 1777 , concernant les contrefaçons. A la charge que ces Préfentes feront enregiftrées tout au long fur le Regiftre de la Communauté des Imprimeurs & Libraires de Paris , dans trois mois de la date d'icelles ; que l'impreffion dudit Ouvrage fera faite dans notre Royaume & non ailleurs , en beau papier & beau caractère, conformément aux Réglemens de la Librairie, à peine de déchéance du préfent Privilége : qu'avant de l'expofer en vente, le manufcrit qui aura fervi de copie à l'impreffion dudit Ouvrage fera remis dans le même état où l'Approbation y aura été donnée ès-mains de notre très-cher & féal Chevalier Garde des Sceaux de France, le Sieur HUE DE MIROMENIL ; qu'il en fera enfuite remis deux exemplaires dans notre Bibliotheque publique , un dans celle de notre Château du Louvre , un dans celle de notre très-cher & féal Chevalier Chancelier de France, le Sieur DE MAUPEOU , & un dans celle dudit Sieur HUE DE MIROMENIL. Le tout à peine de nullité des Préfentes : du contenu defquelles vous mandons & enjoignons de faire jouir ledit Expofant & fes hoirs pleinement & paifiblement , fans fouffrir qu'il leur foit fait aucun trouble ou empêchement, VOULONS que la copie des Préfentes , qui fera imprimée tout au long au commencement ou à la fin dudit Ouvrage, foit tenue pour duement fignifiée ; & qu'aux copies collationnées par l'un de nos amés & féaux Confeillers-Secrétaires, foi foit ajoutée comme à l'original. COMMANDONS au premier notre Huiffier ou Sergent fur ce requis, de faire , pour l'exécution d'icelles, tous Actes requis & néceffaires, fans demander autre permiffion, & nonobftant clameur de Haro , Charte Normande, & Lettres à ce contraires : CAR TEL EST NOTRE PLAISIR. Donné à Paris , le feptieme jour de Février, l'an de grace mil fept cent quatre-vingt-un, & de notre Règne le feptieme. Par le Roi en fon Confeil.

Signé, LE BEGUE.

Regiftré fur le Regiftre XXI de la Chambre Royale & Syndicale des Libraires & Imprimeurs de Paris, N°. 2234, fol. 446, conformément aux difpofitions énoncées dans le préfent Privilége ; & à la charge de remettre à ladite Chambre les huit exemplaires prefcrits par l'article CVIII du Réglement de 1723. A Paris, ce 10 Février 1781. Signé, QUILLAU, Adjoint.